天然气法立法研究

周永强 刘 辉 段言志 刘夏兰 等编著

石油工业出版社

内 容 提 要

本书在国家深化油气体制改革的背景下，为适应天然气市场化改革和发展态势，借鉴国外天然气立法经验，破解我国天然气行业在资源获取、输送、储存、销售、价格方面存在的问题，提出天然气立法框架、制度建议及法律草案（建议稿）研究成果。

本书适合从事天然气行业的研究人员及高等院校相关专业师生阅读参考。

图书在版编目（CIP）数据

天然气法立法研究／周永强等编著.—北京：石油工业出版社，2020.7

ISBN 978-7-5183-4080-4

Ⅰ.①天… Ⅱ.①周… Ⅲ.①天然气工业－能源法－立法－研究－中国 Ⅳ.①D922.671

中国版本图书馆 CIP 数据核字（2020）第 102531 号

出版发行：石油工业出版社
（北京安定门外安华里 2 区 1 号楼 100011）
网　　址：www.petropub.com
编辑部：（010）64523710　图书营销中心：（010）64523633
经　　销：全国新华书店
印　　刷：北京晨旭印刷厂

2020 年 7 月第 1 版　2020 年 7 月第 1 次印刷
787×1092 毫米　开本：1/16　印张：8.75
字数：130 千字
定价：68.00 元
（如发现印装质量问题，我社图书营销中心负责调换）
版权所有，翻印必究

《天然气法立法研究》编委会

主　编：周永强

副主编：刘　辉　段言志　刘夏兰

编　委：姜子昂　何春蕾　徐　孚　胡俊坤　周小雨
　　　　刘忠付　杨炳秀　武晓春　刘弓文　周淑慧
　　　　段兆芳　刘　帅　谭箭航　廖　杨　阮江宁
　　　　郭　璐　谢雯娟　李　佳

前 言

近年来，天然气作为优质高效、绿色清洁的低碳能源越来越受到国家和社会的重视。2018年8月，国务院发布了《国务院关于促进天然气协调稳定发展的若干意见》（国发〔2018〕31号），明确指出"要按照党中央、国务院关于深化石油天然气体制改革的决策部署和加快天然气产供储销体系建设的任务要求，落实能源安全战略，着力破解天然气产业发展的深层次矛盾，有效解决天然气发展不平衡不充分问题，确保国内快速增储上产，供需基本平衡，设施运行安全高效，民生用气保障有力，市场机制进一步理顺，实现天然气产业健康有序安全可持续发展。"

随着我国天然气储量和产量的大幅增长及天然气基础设施建设加快，我国天然气工业已经进入快速增长阶段。一系列市场化改革的政策、法规相继出台。但在我国天然气行业法规中，缺乏一个基本的"天然气法"作为主导，导致天然气产业链缺少协同发展、部分领域存在法律空白、产业监管机制不够完善等。天然气行业是能源行业改革的重要部分，涉及面广、改革变数大，必须通过立法来明确天然气市场化改革的总体方向和思路原则，确保改革有法律依据可寻。

本书借鉴国外天然气立法经验，通过对我国天然气行业和立法现状进行分析研究，剖析我国天然气行业在资源获取、输送、储存、销售、价格方面存在的问题以及天然气法律法规体系、相关制度建设存在的问题，提出立法框架、制度建议及法律草案（建议稿），为我国天然气法的形成提出建议。本书内容由以下四个部分组成。

（1）国外天然气立法的经验与启示。主要通过分析研究美国、英国、欧盟等国家和地区的天然气行业发展及天然气立法进程，总结其在范围调整、制度设计、立法体制和执法主体等方面对我国天然气行业立法的经验与启示。

（2）天然气行业发展现状和改革方向。围绕天然气资源与供应、天然气基础设施、天然气市场、天然气价格等方面，总结我国天然气行业发展的现状与趋势，找出各环节存在的主要问题，指出下一步改革方向。

（3）我国天然气行业立法现状与主要问题。梳理目前我国天然气行业上游、中游、下游的法律体系、主要制度、主要管理机构等，分析现有法律体系存在的主要问题，如缺乏天然气领域的基础性大法、输送储备方面还缺少法律依据、自然垄断环节监管缺少法律支撑等。

（4）天然气行业立法建议。结合行业和立法的现状、问题及改革方向，提出我国天然气法立法的目的、原则、立法框架与制度建议。重点规范天然气市场行为和政府监管行为，将重要规章、政策文件和管理经验上升到法律层面。

本书在以上四个部分的研究基础上提出我国《天然气法》（建议稿）。包括"总则""天然气监管机构""天然气基础设施""天然气市场""天然气价格""天然气供应安全""法律责任""附则"8个章节。

本书得以成稿，与前人在天然气行业发展相关研究成果密不可分，所引用参考文献列于书后，对他们表示感谢！同时，在本书编写过程中得到了来自领导、专家和同事多方面的支持，在此深表感谢！

由于笔者水平有限，书中难免存在不妥之处，敬请广大读者批评指正。

目 录

第一章 国外天然气行业立法的经验与启示
- 第一节 美国 …………………………………………………… 1
- 第二节 英国 …………………………………………………… 12
- 第三节 澳大利亚 ……………………………………………… 20
- 第四节 欧盟 …………………………………………………… 23
- 第五节 日本 …………………………………………………… 30
- 第六节 国外经验借鉴与启示 ………………………………… 33

第二章 我国天然气行业发展现状和改革方向
- 第一节 我国天然气行业发展现状及趋势 …………………… 39
- 第二节 我国天然气行业发展存在的主要问题 ……………… 52
- 第三节 我国天然气行业改革方向 …………………………… 66
- 第四节 小结 …………………………………………………… 74

第三章 我国天然气行业立法现状与主要问题
- 第一节 天然气行业法律法规总体情况 ……………………… 77
- 第二节 天然气上游、中游、下游法律法规情况及管理体制 … 78

第四章 天然气行业立法建议
- 第一节 《天然气法》立法必要性 …………………………… 97

第二节 《天然气法》立法目的、原则 …………………………… 99

第三节 《天然气法》立法框架与法律制度建议 ………………… 102

参考文献 ……………………………………………………………… 108

附录 《中华人民共和国天然气法》（建议稿） ……………… 110

第一章 国外天然气行业立法的经验与启示

第一节 美国

美国的天然气工业发展经历了百余年的历史，是世界现代天然气工业发展速度最快、市场最成熟的国家之一。美国天然气工业的发展不仅取决于资源、技术、管网体系建设和较健全的市场经济基础，还与联邦政府及时在天然气生产、管输和配送环节制定相关法律和政策、调整监管机构和监管体制密切相关。

一、天然气行业发展概况

（一）天然气消费

美国拥有世界上最大的天然气市场。2016年，美国天然气消费量为7786亿立方米，占世界天然气消费总量的22%，占美国一次能源消费总量的31.5%。美国天然气消费是从在大城市用天然气置换煤气逐步发展起来的。天然气置换煤气的过程从20世纪20年代一直持续到20世纪50年代初，用了约30年时间，最后煤气公司都改变为城市燃气公司。目前，工业用气和发电用气是美国天然气消费的两大重要组成部分，1997年以来，电力天然气消费量明显提升，工业消费量明显下降，居民用气和商业用气小幅下降。2016年的美国天然气利用结构中，民用气占 17.38%，商业用气占 12.37%，工业用气占总量的 30.56%，发电用气占 39.53%，交通用气占 0.16%。

（二）天然气供应

美国天然气供给来源主要是国产气，自产天然气供给率高达 90% 以上，2009 年美国成为世界第一大天然气生产国，近年来产量稳定增加。据 2017 年英国石油公司（一般称 BP 公司）世界能源统计，截至 2016 年年底，美国天然气探明可采储量为 8.7 万亿立方米，天然气产量为 7492 亿立方米，占世界天然气总产量的 21.1%，居世界首位。2016 年美国天然气净进口量为 202 亿立方米，占天然气消费总量的 2.6%。进口气中，管道气进口量 825 亿立方米，液化天然气（Liquefied Natural Gas，简称 LNG）仅有 25 亿立方米。美国 2016 年开始出口 LNG，2016 年 LNG 出口量达到 44 亿立方米。

（三）天然气管网

美国的天然气管网成熟发达，是世界天然气干线输气管道密度最大的国家，共有 210 个管道系统，其中州际管道系统 109 个，州内管道系统 101 个。天然气干线管道总长约 50 万千米，其中州际干线管道 34.9 万千米，州内干线管道 14.1 万千米，国土干线管道密度达到 0.05 千米/平方千米。美国的天然气管道运输业高度市场化，天然气管网主要由独立管道公司专业化经营。

（四）天然气市场竞争

美国天然气市场完全开放且极具竞争性，天然气生产商、管道公司、经纪公司、分销公司和大用户在很多区域性市场进行天然气交易，共同决定天然气价格。大多数现货市场的天然气交易在大型市场中心和州际管网中心进行。大型一体化石油天然气公司、独立的石油天然气公司和天然气专业化经营公司是美国天然气市场的竞争主体，各家公司都是以市场和盈利为导向。

美国的天然气生产商超过 8000 家，但产量主要集中在少数大公司手中，埃克森美孚、雪佛龙、壳牌、BP、康菲等大型石油公司拥有较大比例的天然气产量。天然气生产商可以利用公司对天然气资源的垄断和资金实力，通过兴建天然气管道或者控制天然气管道，达到控制市场份额的目的。

成熟的管网和多家独立管输公司使中游市场具备了竞争条件，美国多数管道公司是独立的管道运输服务公司，所有管道公司均为私有制。天然气管输市场在多家独立管输服务商之间竞争，主要的干线管输公司包括尼科尔气体公司（Nicor Gas）、消费者能源公司（Consumers Energy Co）、公共服务电气公司（Public Service Electric & Gas Co）、AGL资源公司（AGL Resources Inc）等独立输气企业。

在产—运—销衔接上，天然气生产商（供应商）与下游用户或销售公司达成交易，不从事管道运营；用户或销售公司在交易中心通过长期、短期和现货等多种合同方式从生产商（供应商）处购买天然气，然后通过签订合同选择某管道公司作为承运商；管道公司不参与资源与市场的交易，保证天然气贸易量的正常运输。目前美国联邦能源监管机构侧重于维护竞争性的市场，而不直接干预价格。

二、天然气行业发展的阶段性

美国天然气工业发展分为三个阶段（表1-1）。第一阶段是1930—1940年，为起步期，1939年之前美国天然气消费量很小，且增长缓慢，年均增长率3.3%。1940—1970年为美国天然气快速发展期，消费量年均增长174亿立方米，年均增速达到7.1%。1970年以后，美国天然气消费保持平稳，进入成熟期，年均增速1.0%。

表1-1　美国天然气消费阶段划分

国家	阶段	发展阶段	消费量（亿立方米）	年均增长（亿立方米）	年增长率
美国	1930—1940	起步期	547~754	21	3.30%
	1940—1970	发展期	754~5982	174	7.10%
	1970—2016	成熟期	5982~7786	39	1.0%

三、天然气行业立法回顾

美国是联邦制国家，在联邦层面和州层面都实行立法、执法和司法三权分立。由于政府对经济和社会等方面事务干预程度的不断扩大，还在一定程度上存在集立法、执行和司法于一体的行政机构。行政机构又称独立机构或调节机构,是受立法机关委托监督美国经济活动的各个具体部门的总称。它在国家经济管理和监督领域中通过制定行政规则(立法)、实施行政规则(执法)、做出行政裁决(司法)等手段贯彻立法机关的法律。行政机构不是传统意义上的执行机构。一方面,它由立法机关通过立法设立或者授权,独立但又在一定程度上受制于总统或者州长,并在一定范围内接受司法审查;另一方面,它一定程度上又集立法、执行和司法于一体。不过,有时对执行和行政的范围进行严格区分并无多大的实际意义(或许这是我国一般将美国的执行和行政合而论之的原因之一)。

为了促进自由资本主义的发展,防止形成相互独立的各州市场,确保国内市场的统一,美国宪法赋予联邦政府对州际贸易进行管辖的权力。美国的《美利坚合众国宪法》(简称《美国宪法》)第8条规定:"联邦国会拥有'管理合众国与外国的、各州之间的以及与印地安部落的贸易'的权力,并有权制定为执行该项'权力'和依据本宪法授予合众国政府或政府中任何机关或官员的其他一切权力所必要的和恰当的法律"。实践中,联邦政府(无论是国会、总统、联邦法院,还是国会不时设立的行政机关)都采取了积极的联邦主义,不断扩大联邦政府的管辖权限。目前,联邦政府不仅管辖州际贸易本身的市场行为,还管辖其认为需要联邦管理的、可能影响州际贸易市场的行为。

美国自1938年颁布《天然气法》以来,政府出于减少垄断、加强市场竞争的目的,围绕定价和准入问题,美国天然气立法过程中经历了多次修订。美国有关天然气的重要立法及条例可以总结为"两法、两规、一决议"(图1-1)。

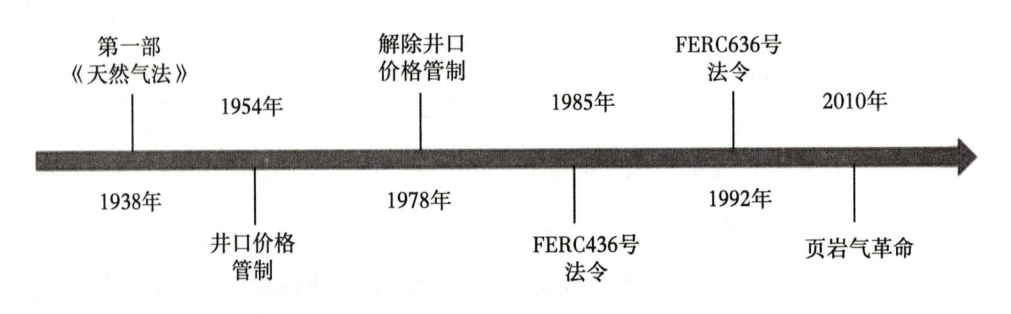

图1-1 美国天然气立法及条例回顾

（一）1938年《天然气法》（Natural Gas Act，NGA）

从美国天然气立法背景看，主要源于管道公司力量突增。20世纪20年代，美国迎来一波天然气管道建设浪潮，之后形成11个公司控制了全国50000英里管道的四分之三的局面，并掌控了生产、配气到销售全产业链。出于对管道公司垄断能力的担忧随之增加，1935年，联邦贸易委员会向国会提交了长报告，敦促国会分解这些势力强大的公司。为避免建造输气管道大量消耗人力、物力、资金和时间等资源以及出于对洲际管道公司垄断能力的担忧，美国政府对天然气输送这一自然垄断领域进行了监管。1938年，《天然气法》应运而生。

《天然气法》对管辖范围、许可制度、定价和技术性问题进行了较系统的规定。

1. 监管机构及管辖范围

成立联邦动力委员会（FPC）管制州际天然气管道运输，国会授权FPC为州际管道公司输气制定管输费率。FPC的管辖权只涉及州际管道公司、跨州贸易公司，不涉及州内公司，包括天然气生产商。州内公司、天然气生产商的许可及监管由各州的公用事业委员会负责。

2. 天然气业务许可

规定天然气进出口、天然气基础设施（包括管道、储运、进口等）扩建的授权和审批程序。

3. 定价

运输费率制订、调整等审批程序。FPC不管制井口价格和州内的输气费和配送费，这些费用由各州的公用事业委员会负责管制。

4. 技术性问题

如名词解释、投诉程序、违反规定的惩罚、官员任命等。

（二）1954年"菲利普斯决议"

1938—1954年，FPC只对跨州天然气管道进行管制，不涉及天然气生产商。生产商的井口价格可以转嫁给最终用户，因此过高的井口价格难以让用户得到价格保护。1947年以来，最高法院在判例中开始授权FPC监管部分天然气生产商的价格，并于1954年宣布将FPC的管辖权限扩展到全部生产商——出自"菲利普斯（Philips）石油公司诉威斯康星州"案，该决议被称为"菲利普斯决议"。

在该决议确立的早期天然气工业结构下，整条产业链上的价格都受到了管制——增加井口价格监管。井口价格和州际管输费受联邦政府或州政府控制，州内配送费受州或地方政府机构控制。

(三) 1978年《天然气政策法》(Natural Gas Policy Act, NGPA)

"菲利普斯决议"出台后，该决议控制住了价格波动，但设定的价格低于天然气实际的市场价值，导致需求激增。同时，生产商利润微薄，失去勘探和开采动力。管制价格导致市场供需得不到有效调节，美国在20世纪70年代出现了严重的天然气供应危机。随着天然气短缺加剧，1977—1978年，国会经过18个月的激烈讨论，通过《天然气政策法》。该法案的主要修订内容如下。

(1) 成立联邦能源管理委员会（FERC）进行定价改革。

(2) 该法案同意逐步解除对上游井口价格的管制。为了刺激生产积极性和用户价格承受力，采取了渐进办法。如最开始以1977年4月20日为分界线，将天然气分为新气和旧气。旧气的价格仍然受管制，新气价格可以上浮。1985年开始对新井（新气）的井口价格不再管制。1989年出台《天然气井口价格解除管制法》，该法案要求取消所有的井口价格控制，从而完成了井口价解除管制的过程。1993年1月1日起，井口价格由市场定价，实现了天然气价格完全放开。

(3) 中游无歧视输气原则，规定州际管道公司按同等条件向所有用户输气，包括现有和今后进入的新用户。输气用户之间只有服务成本的差别，没有销售量、最终用途或利用替代燃料能力的差别。

(4) 规定"递增定价"法。它本质上属于边际成本定价方法，与"累计成本"或平均成本定价不同，递增定价要求只是在发生高成本时，用户才支付此成本。该递增成本只针对工业用户，也就是说，与优先等级高的用户无关（包括小型工业锅炉、农业用户、医院、学校等）。

(四) 1985年的FERC 436号法令

为促进天然气行业再度复苏、解决管道公司资金困难、打破管道公司垄断、扩大竞争效益，FERC颁布具有里程碑意义的命令——436号法令，由管道公司自主选择是否参加这一天然气上游和中游分离的项目倡议。在未来天然气市场价格由生产者和消费者确定的大背景下，该法案结束了由管道运输成本决定天然气价格的历史。

1. 资源供应过剩

1970年以前，个体管道公司均有独立的输气系统，管道外运输较少。而到1970年初期天然气需求出现缺口时，公司自身的需求尚难以满足，更不会有跨公司管道的天然气运输。1978年，美国国会通过了旨在解除管控的天然气法案，由于天然气产量的增加，市场趋于过剩。到1980年，由于大量工业客户转而使用煤、石油等能源，管道公司开始有天然气销售盈余。1982—1983年，所有使用"照付不议"付款方式的公司都出现了天然气过剩。

2. 输销分离引起关注

美国20世纪70年代天然气政策和监管的失败，导致了20世纪80年代天然气行业的危机。为了使整个天然气行业再度企稳复苏，同时解决"照付不议"合同给管道公司造成的资金困难，分离管道公司的输送业务和销售业务提上议事日程，此举也有利于削弱管道公司的垄断势力。

3. 管道公司开始尝试通过引入第三方来增加利润，并取得积极效果

1984年，一些管道公司为打破盈利僵局开始对现状进行改变，包括短期内将与天然气生产商解除合同，让用户在与生产者签订短期购买合同后再和管道公司签署合同由其承运天然气，管道公司按"照付不议"制度对所承运的天然气收费。此举使三方均获益的同时，大幅降低了天然气的市场价格和运费。

FERC436号法令从《天然气政策法》（NGPA）的非歧视性输气转为公开准入输气，鼓励管道公司提供公开准入服务（没有强制性要求），鼓励地方燃气分销公司（LDC）将"合同需求"转化为运输服务，允许用户直接与生产商协商气源价格，并与管道公司签订独立合同。如果需求超过运输能力，开放的运输管道按"先到先服务"原则分配输气能力。FERC加快对愿意提供开放运输业务的管道公司发放新的管道设施和服务许可。核心内容包括以下三部分。

（1）公开准入：不同用户之间应满足非歧视性原则，运输费用需要

满足按成本收费原则，从量价原则，分时原则且可以降价。FERC 436号规定，客户可以分五年期逐渐减少合同的需求量（最低到零）。在客户自愿的前提下，向管道公司支付留位费。

（2）"照付不议"：FERC 436号法令允许每一家管道公司与各自的天然气上游厂家签订特定的付款方式，管道公司需要自己履行尽职调查义务，FERC 允许按照此付款方式进行运输费率计价，第三方对此可以质询。

（3）加急许可：FERC 保证对管道公司建设新设施加速发放牌照，但管道公司需要对新设施的建设风险自担。为了避免风险对下游客户产生影响，FERC 可批准多家管道公司在同一线路选址建设，而只有存在替代线路时，管道公司才可以在合同到期后终止服务。

FERC 436号法令出台后，大部分跨州的管道运输公司都决定参与这一天然气运输项目。管道运输公司之间的竞争增加，低效率或区位劣势的公司很快被淘汰出市场，而有较强战略管理能力和较好区位因素的公司则成为并购的重点关注对象。短期来看，FERC 436号法令的出台大大利好于消费者。

（五）1992年FERC 636号法令

FERC 436号法令出台7年后，强制公开准入条件日益成熟。配气公司逐渐代替管道公司担负起承担供应风险的角色。历经7年，美国管网公开准入才从鼓励到强制，反映出美国政府的谨慎态度和循序渐进的改革思路，为了进一步打破管道公司垄断、促使管道公司降低成本，FERC 636号法令出台。

（1）要求管道公司将天然气销售、输送、储存服务进行分类，相对独立地提供服务，并实行分类计价，目的是使管道公司和其他销售商的服务形成可比性。

（2）与436号法令鼓励管道公司公开准入不同，636号法令强制性要求所有管道公司提供公开准入服务：一是将销售和输气服务分离；二是用户可以自由选择供应商和管道运输公司（批发用户）——1995年推出第一个"用户选择"试验计划，零售用户可以选择生产者与销售商，标志着公开准入开始由州际管道向州内延伸。

（3）输送和销售实行分开定价，生产商卖给地方配气公司、销售商和大型终端用户的销售价格（批发价、门站价）由市场定价，管输费受 FERC 监管，销售给终端用户的价格由地方公用事业委员会监管（零售价）。

（4）为保证和弥补管道公司销售业务的利润损失，颁布新的管输费定价方式，规定管道公司的成本回收方式由原先的修正固定变量法（MFV）变为直接固定变量法（SFV）。这样，无论用户是否用气，都能确保收回固定成本和获得资本净值收益，对管道公司的运作十分有利，使得管道建设得以发展。

（5）运输服务的范围也包括储存服务，使储存服务也受制于开放规定。

（6）在符合行业结构重整的前提下，允许管道公司回收全部的"过渡成本"，即因从垄断到竞争型市场所无法收回的沉没成本，包括已投资的管道等资产。

四、与我国目前相对应阶段法律框架内容

（一）1938 年《天然气法》（NGA）法律框架

适用范围：首先规定接受管制的天然气公司类别。如规定法案只适用于州际管道公司，而不适用于地方燃气分销公司、主要受地方政府管制的天然气公司和非天然气公司（如自然人）。

（1）定义：包括对"公司""州""LNG 接收站"等名词的释义。

（2）天然气进（出）口：规定进口、出口天然气审批部门和程序；LNG 站建设的审批部门和程序。

（3）价格和费率：规定监管内容和监督部门，规定不得指定不合理价格，明确价格制定审批程序、价格变更审批程序等。

（4）基准费率计算：产量和运输的成本计算方式。

（5）各天然气公司产权的法律成本核算方式。

（6）基础设施建造、扩建及废弃方式：规定了相关准许部门和准许条件。

（7）账户管理程序：规定申请账户、查询账户和相关记录的程序。

（8）折旧和摊销：规定基础设施定价的折旧和摊销方法。

（9）定期报告和特殊报告：规定天然气公司需定期交给 FPC 报告，以协助 FPC 更好地执行工作，隐瞒、延误上缴都将被视作违法行为。

（10）天然气运输、储存的州级合同管理：关于州内储运合同的管理事项。

（11）债券管理：关于天然气公司融资、租赁等问题的处理。

（12）投诉管理：规定任何天然气公司违反规定的情况，州委员会、市委员会可以对 FPC 进行投诉。

（13）FPC 开展调查相关规定：规定 FPC 的调查权限、范围、程序，其中包括天然气公司天然气储量是否充足。

（14）FPC 组织调查听证程序：关于 FPC 组织调查听证的程序。

（15）FPC 的行政权力：包括有权颁布法令、条例和管理规定等。

（16）各级委员会之间的协调：包括组成联合委员会程序、FPC 与州委员会就费率、成本等问题协商，信息公开程序等。

（17）官员和员工的任命：关于 FPC 中官员和员工的任命方式。

（18）复审和回顾：规定关于 FPC 命令复审和回顾的相关程序。

（19）对于违反法律和规定的强制措施。

（20）惩罚：如违反法律规定的个人并引起重大事故的将被处以 100 万美元以下罚款或 5 年以下有期徒刑。

（21）违法仲裁的司法裁决；规定责任的强制性。

（22）可分离性：规定如果未来部分法案被认为无效，其余法案不受影响（即仍然有效）。

（23）简称：规定该法律的简称为《天然气法》。

（24）保留天然气：在实施减供计划时如何分配资源。

（25）双燃料：关于用户自愿将天然气转重质燃料油的事项。

（26）紧急情况处理：包括供应出现严重紧张时的总统声明等。

（二）FERC 636 号法令法律框架

（1）介绍：该条例规定的修改内容针对哪些法律或条例，如 1978 年的 NGPA 等。

（2）公共需求：根据美国相关法律规定，任何条例出台都要经过公共审查，其中涉及一系列报告程序，这一部分是对这一程序的耗时进行估计。

（3）法令目标：包括在合理价格为提供消费者提供充足资源等。

（4）背景：对美国天然气工业发展历史和立法历史（自1938年）进行简要回顾，并表示该条例是合理产物。

（5）反竞争状况：当前监管环境和管道设施服务所带来的反竞争效果。

（6）补救办法：①草拟报告（NOPR）提出的补救办法；②草拟报告的评价；③最终条例的补救办法。

（7）关于开放管输业务的条款和条件：①介绍；②运输平等和其他条款；③管输能力重新分配：上游管输能力，公司运输能力分配；④"不通知"运输服务；⑤储气；⑥天然气市场中心和资源池；⑦灵活的接收和发送站；⑧缩减。

（8）定价：①介绍；②背景；③讨论；④对草拟报告提议的评价；⑤对评价的讨论；⑥成本转移的最小化；⑦管道意向；⑧天然气采购决定。

（9）管道销售：①全体销售证书：即授予州际管输企业输销分离的证书；②定价：确定州际天然气销售价格由市场决定；③全体可中断销售服务；④产品标准；⑤报告需求。

（10）管道服务义务：①介绍；②最终办法的概况；③可中断管输服务和短期确定供应服务；④与管输分离的销售服务；⑤长期确定供应服务；⑥对草拟报告的评论；⑦优先购买权。

（11）改革过程中的过渡与实施：①对购买义务和确定容量的调整：调整的需求，对评论的讨论；②过渡成本和回收机制：开放提升了州际管道公司的成本，合理性、对评价的讨论；③计划和进程：总结，讨论和其他事宜。

（12）环境分析：关于实施法案的环境分析。

（13）管制灵活性认证：关于监管部门对管制灵活性的认证范围和程序等。

（14）信息搜集：关于信息搜集的程序。

（15）有效期：法案有效期。

第二节 英国

英国天然气工业起步较晚，但发展较快。英国的天然气工业经历了从政府直接控制和国有企业垄断经营到私有化的发展过程，现已建立起完全自由竞争的市场体系，法律法规体系健全、监管严格，对我国天然气工业的监管和法律法规制定具有重要的参考价值。

一、天然气行业发展概况

（一）天然气消费

经过长期发展，英国的天然气工业已经形成了较完善的市场体系和政府监管体制。英国对天然气的依赖程度非常高，天然气占一次能源消费比例达37%。2016年英国天然气消费量为767亿立方米，同比增长12.2%，远高于过去十年-3.3%的增速。英国天然气利用以民用气和商用气为主。英国是世界上最早使用煤气的国家，煤气使用普遍，煤气管网发达。20世纪60—70年代，随着北海气田的发现，英国开始实施天然气替代煤气工程，天然气市场快速发展。因此，英国早期天然气用户以民用和化工原料为主，逐渐向工业和发电方向扩展。尤其是随着联合循环发电技术的发展，电力部门用气快速上升。英国天然气消费量在20世纪末、21世纪初达到峰值。2015年，英国居民用气比例最高达到37%，其次是发电占比27%，商业占比24%，工业占比12%（其中，能源占比7%，其他占比5%）。

（二）天然气供应

英国天然气供给包括国产天然气和进口气，英国国产气供应主要来自北海气田。随着北海气田产量的下降，英国天然气进口量逐步增加。据2017年BP世界能源统计，2016年英国天然气探明剩余可采储量为0.2万亿立方米，天然气产量为410亿立方米。英国进口天然气446亿立方米，其中管道气341亿立方米、LNG 105亿立方米。英国进口管道气主要来自挪威（84.2%）、荷兰（12%），进口LNG主要来自卡塔尔（占比91.4%）、阿尔及利亚等国。

（三）天然气管网

英国天然气基础设施非常完善，天然气管网覆盖全国。由于天然气主要来自海上气田，天然气要通过连接海上气田与陆上的海底管线，到达称之为海滩终端的岸上接收站。这样的接收站有7个，与约100个海底气田相连接。从这些接收站出发，有一个与之相连的天然气高压输送管道——国家输送系统（NTS），由属于莱迪思（Lattice）集团有限公司的英国国家输电公司（Transco）运输系统负责经营。英国还建立了与欧洲大陆的互联管线，终端设在巴克顿（Bacton）、英格兰和比利时的泽布吕赫（Zeebrugge）。目前英国的国家干线管网总长度约为7400千米（管径150~1220毫米，其中管径900毫米以上占48%，管径600毫米以上占95%以上），地方输配气管网总长度约13.2万千米；有8座储气设施（3个枯竭油气藏+4个盐穴+1个LNG调峰站），总工作气量46.3亿立方米。

（四）天然气市场竞争

英国天然气市场已发展成为完全竞争的市场，所有天然气用户，无论用气量大小，都可以自主选择天然气供应商。英国天然气市场供气商之间的竞争主要是在欧洲大陆的石油天然气大型生产企业之间展开。英国天然气供应链由以下环节组成：（1）采气公司，负责海上天然气生产并输送到岸上终端；（2）托运商，向管道公司托运采出或购买的天然气；（3）天然气运输商（管道公司），拥有并经营天然气管道和储气库；（4）天然气供应商，以不高于国家规定的最高价格向国内天然气用户供气。所有的天然气供应商都有权平等使用由英国国家电网公司拥有和运营的高压天然气管网和由地方天然气配送公司拥有和运营的低压天然气管网，实现了气气竞争。

二、天然气行业发展的阶段性

英国天然气工业的演变过程分成三个阶段：第一阶段为起步阶段，主要集中于1965年之前，天然气市场发展缓慢；第二阶段（1965—1979年）以1965年北海天然气的发现为标志，为英国天然气市场的发展奠定了雄厚的物质基础，这个阶段是英国天然气消费的黄金时期，从最开始的每年 8 亿立方米增长到 448 亿立方米，年均增长率高达 31%；第三阶段从 1980 年至今，天然气消费已经进入了平稳期。1980 年到 2016 年的 36 年间，英国天然气消费量总体呈振荡上升，在 2004 年达到历史高点后回落，年均增长率为 1.5%。

三、天然气行业立法回顾

英国是西方近代议会民主制度的发轫国，也是最早创立近代资本主义立法体制的国家之一。英国议会由上院（贵族院）、下院（平民院）、国王共同组成的英国议会，行使国家的最高立法权。英国议会创建于 13 世纪，迄今已有 700 多年的历史。英国没有成文宪法，它的宪法是由成文法、习惯法、惯例组成，主要有《大宪章》（1215 年）、《人身保护法》（1679 年）、《权利法案》（1689 年）、《议会法》（1911 年、1949 年），以及历次修改的选举法、市自治法、郡议会法等。

英国虽然奉行三权分立原则，在体制上也是由议会行使立法权、政府行使行政权、法院行使司法权，但是，一般认为英国的分权制度并不十分严格，尤其是立法与行政的界限不甚明了，因此政府在立法方面的权限是比较大的，政府对于议会立法的参与、渗透和控制也比较明显。

英国地方政府制度是 1974 年 4 月 1 日在全国改革后推行的，全国由英格兰、威尔士、苏格兰和北爱尔兰四大地区组成。在威尔士和英格兰设郡和区，区以下设教区或乡；苏格兰设大区和区；北爱尔兰只设区。在地方的每一个郡、自治区、教区和区，都有由当地人选出的地方议会，郡议会的议员 40~100 名，区议会议员 30~50 名，教区的理事 5~20 名。各级地方议会每届任期 1 年。各级地方议会都是自治的、独立的，它们之间互不隶属、互不管辖，各级议会都只能在议会法赋予的权限范围内，就自己的职权事项制定有关地方法规。地方政府可以申请中央议会通过专门法案而获得立法授权。1972 年的《地方政府法》规定，郡议会和区议会得通过决议、动议一项地方法案，此项决议必须在地方报纸上刊登为期 10 天的通知，并经过地方议会全体议员的过半数通过；如果是动议，需要在法案向中央提出 14 天后再经过议会过半数议员通过，方可成立。

英国在天然气发展初期为确保国家能源供应安全和稳定燃料价格颁布了《1948年天然气法》；后期，出台《大陆架法案》推动天然气勘探开发。在天然气工业进入快速发展阶段后，适应行业发展形势，先后于1965年、1972年、1982年、1986年和1995年出台和修订天然气法，1996年颁布《管网准则》，英国现已经形成了健全的法律法规体系（图1-2）。

```
《1978年天然气法》：      《1965年天然气法》：     1982年《石油与天然气（企
建立在分散投资基础上      天然气工业快速发展，集    业）法》：奠定了天然气行业
的分散管理阶段。政府      中化管理阶段。给予国有    自由化的基础，取消了英国      《1995年天然气法》：
将一千余家私有的市属      天然气公司购买北海油气    天燃气公司向油气生产商购    天然气市场竞争全面形
煤气公司收归国有，并      生产商所有上岸天然气的    买天然气的优先选择权，首    成阶段。确立天然气市
入12个地区燃气管理委      优先选择权;界定天然气理   次为第三方买家打开了上游    场进入准则与推动天然
员会，成立燃气理事会      事会的职能;设立地下储    市场。该法案赋予英国政府    气各个领域的竞争，完
                       区并规范权责体系        处置英国天燃气公司资产的    善了许可制度
                                            权力，并要求该公司的管道
                                            对第三方天然气供应商开放

  1964年《大陆架法案》：    《1972年天然气法》：推    《1986年天然气法》：迈    1996年《管网准则》：
  允许持有政府下发许可证    进集中管理，英国天燃气    出了英国天然气市场私有    在管网的使用和管制方
  的国内外石油公司在海上    公司负责全国天然气下游    化步伐，促进市场竞争阶    面的一个全面的综合性
  进行勘探生产           领域的运输、配售业务；   段。创造性地开辟了"法    规范。该条例设定了标
                      12个地方天然气委员会相   律一许可一合同"三级立    准的条款和条件，明确
                      应转变为专门负责特定地    法框架，启动了英国天然    了第三方进入管网的规
                      区事务的地区性机构       气市场的私有化         则、程序以及管网使用
                                                              者的责任和义务，并引
                                                              入了管网日内进出气平
                                                              衡的制度
```

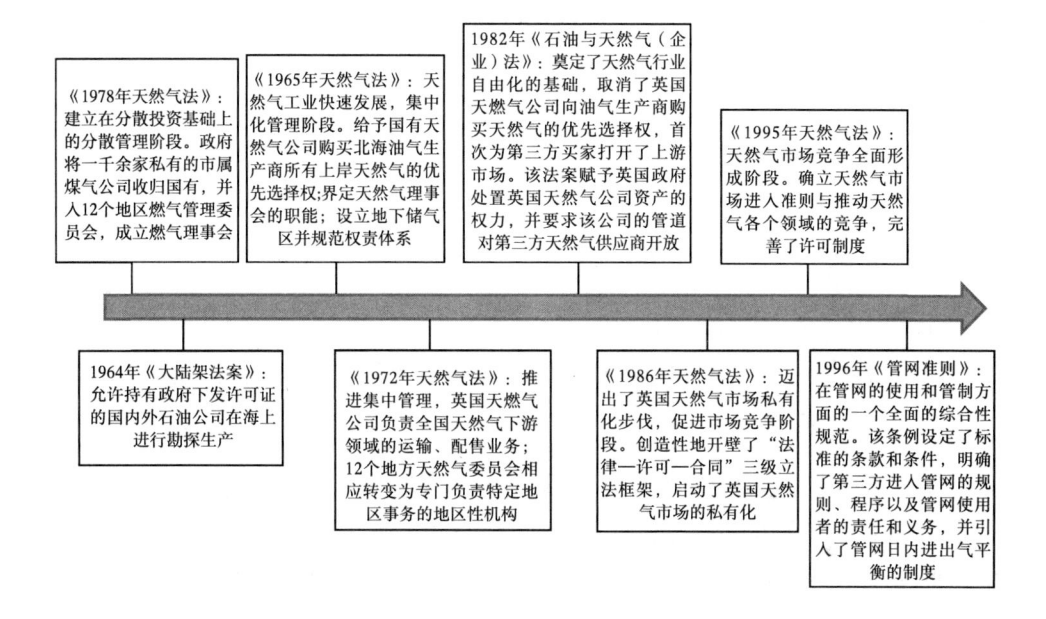

图1-2 英国天然气立法回顾

（一）《1948年天然气法》

英国燃气用户最初使用煤气，天然气市场主要分散在地方，由小公司运营。1948年，英国为确保国家能源供应安全和稳定燃料价格颁布此法案。政府将一千余家私有煤气公司和市属煤气公司收归国有，将它们并入12个地区燃气管理委员会（AGB），这些自治机构都有自己的主席和管理构架。为加强英国燃料和电力部与这些AGB之间的联系，成立了燃气理事会，该理事会属于行业协会性质，对AGB没有直接的指挥权。

（二）《大陆架法案》

英国天然气工业从20世纪60年代北海油气田的大发现开始起步。

为加强石油天然气资源勘探开发，英国政府于 1964 年通过了《大陆架法案》，允许持有政府下发许可证的国内外石油公司在海上进行勘探生产。

上游市场的开放，大幅增加了天然气产量，特别是北海发现丰富的天然气资源后，逐渐形成了竞争性的上游市场格局。在该政策的鼓励下，大量国际资本和先进勘探开发技术流入英国，从事石油天然气勘探开发的企业数量也不断增加。

（三）《1965 年天然气法》

英国在北海海域发现西索尔气田后，开始使用天然气作为一次能源，改变了英国的能源利用结构，政府出台法案对天然气进行规范。《1965 年天然气法》给予国有天然气公司购买北海油气生产商上岸天然气的优先选择权，旨在实现天然气工业快速发展，进行集中化管理。该法案主要包括以下内容。

（1）界定天然气理事会的职能。包括天然气的加工和供给由天然气理事会负责、政府任命天然气理事会成员、计量与定价。1969 年燃气理事会改组为英国天然气公司（简称 BG 公司），成为一个垄断性国有企业。BG 公司凭借独家拥有英国陆上的天然气管网和配送网络，通过和各北海油气生产商签订长期合同控制了所有上岸的天然气，进一步强化了其独家垄断地位。

（2）对地下储气区进行规范。对涉及公众安全和地下水资源保护的天然气资源，设立储气区，只有经政府许可方能开采地下储气区的天然气资源。该法案对地下储气区的建设与补偿机制、运行权责体系、保护区与采矿区控制、监管机制（任命检察官）与准入体系等进行了规范。

（四）《1972 年天然气法》

该法案在《1965 年天然气法》的基础上调整行业结构，推进集中管理，BG 公司负责全国天然气下游领域的运输、配售业务，12 个地方天然气委员会相应地转变为专门负责特定地区事务的地区性机构。

第一部分对英国天然气行业的结构进行了重新划分，分为供给侧的天然气公司和需求侧的消费者协会，并对各自的职责、权力等进行规范；第二部分关注财政，规定英国天然气供气公司的财务义务和借款条约；第三部分对具体供给天然气的主体进行规范，包括天然气供气公司和其他供应商。

由于BG公司是北海天然气的垄断卖家，实际价格很大程度上取决于BG公司。垄断造成了高成本、低效率，严重制约了天然气市场的发展。

（五）《石油与天然气（企业）法》

1982年，英国颁布《石油与天然气（企业）法》，开始实行自由化，奠定了英国天然气行业自由化的基础。该法令取消了BG公司向油气生产商购买天然气的优先选择权，首次为第三方买家打开了上游市场。该法案赋予英国政府处置BG公司资产的权力，并要求BG公司的管道对第三方天然气供应商开放。主要内容包括：

（1）石油天然气公司处置权；

（2）石油天然气公司财务结构体系；

（3）赋予石油公司的权力；

（4）废除国家石油账户；

（5）天然气公司以外的第三方供气质量标准与安全规范；

（6）第三方使用BG公司管道的相关建设、扩容与使用权；

（7）海上天然气装置安全区规范。

（六）《1986年天然气法》

《1986年天然气法》创造性地开辟了"法律—许可—合同"三级立法框架。

第一层次是法律。国家根据法律规定设立天然气监管机构，并赋予该机构法定权力，制定监管的基本程序和规则。

第二层次是许可证。监管机构根据职权和法律规定向符合要求的企业颁发许可证，企业获准后按照许可证的要求从事天然气经营活动。许可证制度是三级立法框架的精华。许可证是监管部门与经营者之间的契约，监管部门按契约的约定对经营者的行为进行监管，许可证的持有者在契约许可的范围内开展经营活动。

第三层次是合同。企业之间根据市场调节和合同法的规定自由订立合同。

该法案还启动了英国天然气市场的私有化，具体措施包括以下三项。

（1）私有化改制。英国天然气公司私有化改制成上市公司，政府垄断变为私人垄断。1986年12月8日，BG公司在伦敦证券交易所上市，实现私有化。《1986年天然气法》授予BG公司对年用气量低于250百万英热单位MBTU（1百万英热单位=28.3立方米）的小用户25年的独家供应特许经营权，同时保持BG公司陆上天然气供应和输气业务的完整性。

（2）建立天然气消费者委员会和独立的天然气行业监管机构。由于BG公司的私有化，政府无法再通过直接控制方式对其进行管理，同时鼓励市场竞争需要引入新的竞争者。这些变化客观要求建立独立的监管机构，以保护消费者利益和维护公平的竞争环境。在这一背景下，1986年在英国工贸部下成立的天然气供应办公室成为英国天然气行业的独立监管机构，其主要任务是监督私营化后的英国天然气公司是否滥用垄断权力。在天然气供应办公室的监督下，1994年BG公司被拆分，BG公司拥有海上天然气供应、储气和所有前期已签订的供应合同；管道运输和储气业务重组为英国国家输电公司❶（Transco），作为独立的运营商拥有下游的管道系统。此次拆分实现了天然气供应业务与管道输送和储气业务的全面物理分离和财务分离。BG公司的综合市场占有率也从拆分前的77%降至1996年的29%。

（3）在中游、下游市场引入竞争，放开大用户市场。针对管输领域采用强制性第三方准入机制，要求BG公司向所有生产商开放输气管道，BG公司有义务将其他竞争性供应者的天然气通过管道输送给终端用户；将销售市场分为批发市场、合同市场和收费市场，其中批发市场允许独立供气商和天然气承运商进入，同BG进行购气竞争；合同市场允许年用气量超过25000百万英热单位的大用户自由选择供气商，天然气供气公司只能垄断低于此标准的用户群体。

自《1986年天然气法》颁布后，市场逐渐由垄断型转变成竞争型，大客户的认定标准逐渐降低，导致天然气供气公司的垄断地位日益降低。

---

❶：英国电力和天然气运输都由英国国家输电公司负责。

四、与我国目前相对应阶段法律框架内容

(一)《1995年天然气法》

《1995年天然气法》目前仍然有效。本法案对《1986年天然气法案》的第一部分和第三部分进行修正,要求天然气设施向第三方公开,加大市场活力、增加参与者。其核心内容是确立天然气市场进入准则与推动天然气各个领域的竞争,形成天然气市场全面竞争。

《1995年天然气法》调整了天然气公司许可标准,重新定义了管道运营商、批发商和零售商,并授权天然气供应办公室发放新的供应许可证。《1995年天然气法》推出后,英国市场上出现了大批的独立天然气供应商,BG公司市场份额大幅降低,英国天然气市场化改革向前迈了一大步。1996年,英国颁布实施《网络准则》(Network Code),制订了第三方接入英国气网的规定和流程,并且引入了日平衡的机制,国家平衡点(National Balancing Point,NBP)自此诞生,标志着英国完成天然气市场化改革过程。

(二)《管网准则》

《管网准则》于1996年颁布,是关于管网使用和管制的综合性规范。该条例设定了标准条款和条件,使用对象为任何希望使用BG公司输气管网和储气设施的托运人。该条例对英国天然气输送的商业合同和操作管理合同进行规定,明确了第三方进入管网的规则、程序及管网使用者的责任和义务,引入了管网日进出气平衡的制度。该条例促进了居民用气市场的放开,到1998年,包括居民用户在内的所有终端用户都可以自由选择天然气供应商,英国天然气市场在供应和销售环节都实现了竞争,主要包括三个方面。

(1)依法监管天然气市场。为保证天然气管网的稳定运行,《管网准则》规定了管网使用者的权利与义务、管道公司运行方式与保持管网系统平衡的手段。

(2)根据法律规定建立专门的天然气监管机构。随着各种相关法律日趋完善及市场竞争的不断增强,英国政府于2000年出台新的《公用事业法》,重新组建这两个行业的监管机构:天然气与电力市场办公室,

主要任务是促进行业竞争、保护消费者利益、监管输气管网的垄断收费业务等。

（3）对管网与收费市场的收费标准仍然保留有约束力的监管政策。

第三节　澳大利亚

一、天然气行业发展概况

澳大利亚拥有丰富的天然气资源，是世界第二大天然气出口国。过去十年，澳大利亚天然气消费量快速增长，年均增速达到6.6%，2016年天然气消费量为411亿立方米，占澳大利亚一次能源消费总量的26.8%。截至2016年底，澳大利亚已探明天然气总储量达到了3.47万亿立方米，2016年的天然气产量为912亿立方米。澳大利亚有近30年的LNG出口历史，自1989年西北大陆架项目（North West Shelf LNG）建成投产首次实现天然气出口以来，进口量快速增长。2016年澳大利亚出口LNG量为568亿立方米，成为仅次于卡塔尔的第二大天然气出口国。

二、天然气行业立法回顾

澳大利亚是一个联邦制国家。该联邦是根据1990年澳大利亚宪法法令（该法令为英国议会立法）建立的。联邦各州由前若干独立的英国殖民地组成。故之，澳大利亚的法制源于英国法。就立法而言，国家权力在两个层次上进行分配：(1)国家全部权力（即立法、行政及司法权）在联邦与州之间分配；(2)在联邦（或州）一级，立法、行政、司法的三权分立。换言之，联邦及各州议会在三权分立的原则下，依托联邦及各州宪法，履行各自的立法权限。

1990年之前，澳大利亚包括天然气在内的重要基础设施均为国有。20世纪90年代初期，为了提高资源利用效率，有效降低市场价格，澳大利亚推行了一系列旨在促进竞争的改革措施。在天然气领域，首次出现了国有资产的私有化。同时，旨在对"自然垄断"行业进行监管的价格监督机构也同期产生。

2008 年，澳大利亚在 1997 年颁布的《南澳天然气接入法案》的基础上构建全国性的《天然气法》，将国家对天然气市场司法管辖权限范围拓展到全国，市场竞争和垂直监管是本次立法的核心内容。通过国有资产的私有化可以有效增加市场中天然气供给者的数量，实现市场竞争。同时，将天然气行业分为上游、中游、下游三个部分，防止公司同时涉足于全产业链，形成垄断。之后分别在 2012 年 7 月、2014 年 6 月、2017 年 7 月对《天然气法》进行补充修订。

三、与我国目前相对应阶段法律框架内容

澳大利亚的天然气法中，政府对产业链各环节企业进行了严格的限制。法案规定，上游勘探开发企业原则上不能进入中游管道运输市场，上游企业在拥有下游零售、炼化业务的同时，不允许有设置市场准入门槛的行为。此外，该法案对上游企业勘探、开发和资源所有权等领域内的权责进行了明确划分。为了防止上游企业囤积资源的行为，法律对未开发的区块明确了退出转让的年限。

澳大利亚的《天然气法》对运输系统、分销系统和天然气批发市场均进行严格限制。全系统中的参与者分为上游供气者、中游管道运输商和下游终端用户。监管机构为澳大利亚能源市场运营机构（AEMO）。

（一）管输系统注采气规定

管输系统注采气的相关法律规定：无论是向管输系统内输气还是从系统内取气，均需要向 AEMO 申请相应许可证，最终由 AEMO 酌情批准。申请中需要将注取气的节点、最大和最小气量、时间等详细说明。同时，对未来预期每日（小时）用气量需提交一份需求预测，这份预测是保密的。投标后参与者需要保证自己有履约能力。需求预测和投标需要在天然气交易日两天前的上午 11 点前交给 AEMO。当市场参与者无法满足 AEMO 的调度指令时，应当向 AEMO 解释原因并提出补偿措施。与此同时，每个市场参与者都可以无条件监管，AEMO 对从接入点输入运输系统后的天然气实施监管。对输入管网的天然气进行分配时，当同一个节点存在多个市场参与者希望供气或者投标供气时，市场参与者需要指定一个分配机构，合理确定每个供气者的份额。市场参与者要

接通运输提供商时，需要提交申请经过 AEMO 的同意并且备案。每一家注册的市场参与者都有义务提供符合注入点规范的天然气。市场参与者在自己提供的天然气不符合规范时，应当向 AEMO 说明，并且告知问题的产生原因、影响范围和时间等。市场参与者有向 AEMO 提交五年内的年度预测和未来一年内的月度预测的义务。

（二）管道运输系统运营商和存储商义务

按照《天然气法》规定，中游管道运输系统的提供商和存储商需遵从 AEMO 的要求提供管道运输服务，并由 AEMO 建立一定的规则和秩序。天然气储存服务提供商必须及时报告影响 AEMO 对天然气注入招标或使用天然气储备造成影响的情况。存储商必须对天然气存储用户的信息、储量等情况进行记录。注气端和取气端未安装符合 AEMO 标准的计量装置时，市场参与者或是管道运输服务商均不得进行注气和取气操作。

（三）天然气监管

澳大利亚天然气监管体系由审批及监管两个部分构成。审批主要针对上游天然气开采行为。各级政府分别对不同区域的天然气开发具有管辖权，从海岸基线向外延伸3英里（约6千米）处起，至200英里（或大陆架外沿）内区域所发现的天然气藏管辖权归联邦政府所有；由海岸基线3英里内起至内陆地区的天然气藏归地方政府管理。相关许可分三类：勘探许可、生产许可、延期持有许可。根据《天然气法》，同时持有第一、三种许可的生产单位，可拥有具有潜在经济价值但尚不具备开发条件的天然气藏15年的所有权。

由于天然气管道运输具有自然垄断特点，政府对中游企业采取重监管的态度，集中于不同城市、社区之间管线公平接入及运输费的监管。当不同的城市和州之间存在多条由不同公司运营的并行管道系统时，管道运输费由市场决定，而当地区间仅存在由同一公司控制的一条或多条管线时，将根据市场情况对整条管线或部分管线进行适当程度的监管。法案同时对上游和中游的运营企业权益进行了明确保护，在引入市场竞争的同时关注已有公司的利益。

（四）交易市场及交易中心相关规定

对于交易市场，澳大利亚的法律围绕处理好"两个关系"（一是上游、中游、下游公司之间的关系，二是天然气贸易和管网之间的关系），对天然气批发和零售市场分别进行了一系列规定，主要包括五个方面的内容：一是市场基本框架设立和管理机制，包括天然气生产安排、市场运营商的管理、价格形成和调整机制（包括批发市场价格和零售价格）等；二是技术性规范，包括管网系统安全性规范、气体/LNG 计量、计费和付费；三是信息管理办法，如市场信息维护和发布、信息预测和回顾的主体和安排等；四是应急措施，如对基础设施检修、市场终止交易等突发情况下的应急措施；五是监管体系，明确规定政府对市场价格有监管义务，设立监管机构和应对不合理市场价格的处理办法。

对于交易中心，澳大利亚的法律主要围绕明确交易操作流程和加强监管审查力度两个方面集中发力。交易流程方面，法律着重对技术层面的若干环节进行了规定，主要包括交易中心成立的审批程序、参与者的注册程序、信息系统的设立和维护（STTM 系统）、交易机制（价格清算、货物结算等）的制定与执行、交易纠纷（如调度差错）的解决办法等；监管审查方面，法律强调了对交易中心监管和审核的相关事宜，包括对留存信息、市场审计、信息系统的监控等。可以看出，澳大利亚的法律规定除了确保交易中心正常运行以外，更有助于提升交易公平性和信息透明性，从而进一步提高澳大利亚的天然气交易乃至整个市场的流动性。

第四节　欧盟

欧盟总部设在比利时首都布鲁塞尔（Brussel），现拥有 28 个成员国，官方语言有 24 种。欧盟是全球天然气消费的重要市场之一，目前，欧盟天然气市场已经形成了较为完善的市场体系和政府监管体制。

一、天然气行业发展概况

欧盟对天然气的依赖程度较高，天然气占一次能源消费比例达 24%。由于工业活动复苏导致电力生产领域天然气需求及运输领域天然气需求的增长，2016 年欧盟的天然气消费量为 4288 亿立方米，同比增长 7.1%，远高于过去十年 -2.2% 的增速。其中，由于核能供应不足，法国天然气需求上升了9%；德国大力利用低碳能源，减少煤炭的消费量和逐步压缩核电，2016年天然气消费量同比增长9.2%。

欧盟天然气产量主要来自英国、荷兰、丹麦、意大利等国。据2017年BP世界能源统计，2016年欧盟天然气探明剩余可采储量为1.3万亿立方米，同比减少1.5%，天然气产量为1182亿立方米，同比减少1.6%。欧盟主要国家中，法国进口天然气420亿立方米，其中管道气323亿立方米，LNG 97亿立方米，进口管道气主要来自挪威（占比51.4%）、俄罗斯（占比32.5%）等国，LNG主要来自阿尔及利亚（占比63.9%）和尼日利亚（占比19.6%）等国。

经过多年发展，欧盟拥有比较完善的天然气储运设施，已建成长度超过15.6万千米的天然气干线管道和长度超过119.5万千米的配气管道，共有储气库120多座，工作气量800多亿立方米，分别占全球的20%和25%左右，已成为除北美和独联体外世界第三大储气能力地区，意大利、德国、法国拥有较大的储气能力。

二、天然气行业回顾

1998年以前，大多数欧盟国家的天然气贸易和输配业务都具有垄断的特点。垄断体制最主要的缺点是：处于垄断地位的天然气输送公司（管道公司）和配送公司（城市燃气公司）缺乏改善管理、降低成本、提高服务质量的动力，导致了天然气的成本和价格偏高，最终影响到欧盟国家工业的竞争力。为打破市场垄断，营造自由竞争的市场环境，增强天然气流动性，提高供气效率和供气安全性，欧盟自1998年开也踏上了天然气行业市场化改革的道路，主要发布了三道天然气指令及相关配套保障供应指令和管网规则。

（一）"98/30/EC号指令"：鼓励天然气市场化（第一阶段）

1998年欧盟委员会发布了"98/30/EC号指令"（Directive98/30/EC），也称为"第一道天然气改革指令"，这一道指令的意义在于为这场改革给出了定位和指导思想。"建立一个有竞争力的天然气市场是完成内部能源市场的重要组成部分""要考虑到成员国之间不同的市场结构，以灵活有序的方式进行行业调整""天然气行业应有利于互联互通"等，在这份指令中都有提及。

（1）在输气、配气、储气业务上推行协商性或强制性第三方准入机制。其第 3 条条款规定，允许终端消费者不再与管道方签订购气合同，而是由销售商与管道公司签订输气合同，再将天然气销售给用户；逐步对大用户开放天然气市场，通过引入"第三方准入"制度等方式来增强欧盟内部天然气市场的竞争。

（2）垄断企业在财务上分离输气、配气业务，以实现公平和开放的准入为目标，形成一个竞争的天然气市场。其第 13 条条款规定，在输气、配气、储气业务的拆分方式上要求一体化公司在财务上拆分即可；将输气管网运营与天然气贸易脱钩，实行相互独立管理；提出具有自然垄断性质的基础设施要对所有客户提供无歧视准入。

（3）规定了天然气市场开放进程表。第 18 条条款规定，针对成员国天然气市场化初始水平的不同，为"市场开放程度"制订了差异化目标。"市场开放程度"指标由上游企业不经过管道运营商，直接销售给"符合条件用户"的天然气销售量与本国天然气年销售量的比例计算而得。比例值越高，市场越开放。对于市场化开放基础较差的国家要求市场化水平不低于 20%，指令实施 5 年后达到 28%，20 年后为 33%；而对于初始市场开放程度达到 30% 以上的国家，则要求 5 年后提升到 38%，20 年后实现 48%。

（4）规定了豁免条款。其第 26 条条款规定，当成员国的第一份商业性长期天然气供应合同签订时间在十年以内的，就可定义为"新兴市场"而不受指令约束。

"98/30/EC 号指令"的目标是建立一个开放的、竞争的、统一的欧洲天然气市场。尽管该指令对输—配—储拆分、监管设置和市场开放程度提出了要求，但德、法等国坚持能源产业由本国控制，因此该项指令仅仅处于"鼓励层面"，未形成有效约束力。这一阶段也并未成立欧盟层面的强力的监管机构，各成员国监管机构在 2000 年自发形成欧盟能源监管委员会（CEER），主要提供信息层面交流。

（二）"2003/55/EC 号指令"：强制天然气行业市场化（第二阶段）

为进一步推进天然气市场自由化改革，2003 年发布了"2003/55/EC

号指令"（Directive 2003/55/EC），也称为"第二道天然气改革指令"修改"第一道天然气改革指令"中的不足，态度也从"鼓励"升级为"强制"。"第二道天然气改革指令"强制要求各成员国设立监管机构，并且在2003年专门成立了给各国监管机构提供咨询服务的欧盟电力和天然气监管组织（ERGEG）。

"2003/55/EC号指令"的主要内容如下：

（1）明确提出要加快天然气市场开放进程。其第23条条款规定，2007年底前全面开放天然气市场，要求在2007年7月1日以前所有非居民用户和居民用户都可以自主选择供应商；

（2）在管理权和经营权层面上拆分垄断企业的输气、配气业务。其第9条、第13条、第15条条款规定，长输管网、配气管网、LNG接收站的运营与天然气贸易在法律上由不同公司运营；

（3）在输气、配气、储气业务上推行协商性或强制性第三方准入机制，但对大型基础设施投资项目（长输管道、地下储气库、LNG接收和储存设施）可在一定时期内豁免第三方准入义务。其第18条条款、第28条条款规定，在相对较低投资收益率（9%~10%）下，为避免投资者减少对大型天然气基础设施的投资热情，监管机构可以为符合条件的项目设定相应的激励机制，例如在一定年限内免除所有权分离或提供第三方准入豁免权等。与其他成员国无直接互联管道且只有一个主要外部供气商（其供气份额达75%以上）的成员国，或符合新兴天然气市场标准的成员国可免予执行上述要求。

"2003/55/EC号指令"颁布实施后，欧盟通过调研发现各国对"2003/55/EC号指令"的执行情况差别较大，部分天然气管道公司并未充分独立，新的燃气销售商依然很难进入大型能源公司的传统市场；国产天然气占较大比例的国家（例如荷兰），政府和企业对改革的态度更积极，改革进程较快；而进口天然气依存度较高的国家（例如德国、法国等），考虑到供应安全问题，改革进程相对较慢。

此外，欧盟还于2005年提出了针对长输天然气的管网准入法令1775/2005，该法令进一步规范了管网的第三方准入标准。然而，欧盟也提出在管输费中如何体现管道运营方提供的额外服务（与上游和下游管道运行匹配、多用户气量分配和平衡管网系统等）仍需制定更为详细的规则。

（三）"2009/73/EC 号指令"：新形势下天然气行业市场化（第三阶段）

2004 年欧盟扩张新纳入的 10 个国家多为天然气行业市场化程度低的东欧国家，这使得欧盟新旧天然气市场一体化协调难度更高。俄乌之间不断发生的"斗气"事件及 2008 年爆发的金融危机，让欧盟感受到了天然气供应的危机。基于上述原因，加之对于前两个天然气法令存在问题的考虑，2009 年颁布了第三版"2009/73/EC 号指令"（Directive 2009/73/EC，也称"第三道天然气指令"）和"管网准入法令 715/2009"。所有成员国均在 2011 年 3 月之前将该套法案纳入了国家法律，以进一步推进基础设施的第三方准入并在所有成员国中达到等效监管的效果。"2009/73/EC 号指令"对前两个天然气指令作了修正，主要强调了欧盟产业链结构改革的基本规则与措施，天然气管网的投资成为该套案中比较重要的部分。

（1）要求对能源企业控制的天然气生产业务与输气业务进行"有效拆分"。其第 9 条、第 12 条、第 13 条、第 15 条、第 18 条、第 19 条条款规定了三种拆分形式：所有权拆分，即把输气网络出售给其他企业，2009 年及以后投产的输气管道、储气设施必须适用所有权拆分，申请到豁免权的除外；2009 年前投产的输气管道、储气设施可以选择采用上述三种拆分方式中的任意一种；允许天然气供应企业拥有输气管道、储气设施的非控制性的少数股权。经营权拆分，即仍可以保留输气网络的所有权，但需设立一个独立的公司（称为"独立系统运营商"）全权负责输气网络的运营。管理权拆分，即仍可以拥有并经营输气网络，但输气网络的管理必须交给拥有独立的管理权和决策权的下属子公司（称为"独立输气商"）。该措施的实施避免了天然气公司上游、中游、下游一体化，使管输系统独立出来，更多的市场主体可以参与到天然气进口、批发及销售领域。

（2）规定欧盟委员会设立长输管道运营商联合体（ENTSOG）和能源监管机构合作署（ACER）。其第 20 条、第 21 条、第 40 条、第 41 条条款规定，ENTSOG 在欧盟层面上负责管网发展规划并制定统一的规范；ACER 则负责促进各国监管机构之间的合作，决定豁免权的发放并仲裁各国监管机构之间的分歧，落实 ENTSOG 提出的管网规范。确保天然气能在欧盟范围内自由流动，在发生天然气供应危机时，能将天然气输送到最急需的地方。

（3）要求制定天然气管网 10 年发展规划（TYNDP）。其第 22 条条款规定，分别从欧盟、成员国和管道企业层面，通过对资源（包括非常规天然气）的发展和基础设施投资的预测，评估未来十年市场的供求发展和天然气储运能力，找出管网物理瓶颈，监管投资，加强对管网发展的统一规划。

（4）对于"跨境管输"难题，国家监管部门应进一步强化立法与监管职能，加强与其他成员国监管机构的合作。其第 43 条条款规定，"跨境管输"问题不仅仅是国别问题，还涉及跨国企业的国际业务。监管机构应加强对天然气管网的监管及各国监管机构和管网运营商之间的合作，协调天然气"跨境管输"问题的一系列规定，优化输气路径，提高跨境资源配置能力和输气管网的运行效率，降低输气成本，促进天然气供应商之间的公平竞争，推进天然气市场有效开放，确保天然气网络安全、高效运行。

"2009/73/EC 号指令"增强了对国家监管机构的监管作用和网络运营独立性与透明度的要求，使进行管理权拆分后的独立输气商有独立的管理层，能完全独立于母公司进行基础设施建设、公司级重大决策，资产、财务、技术和人力资源管理，并定期公布输气和储气设施的运行状况和富余能力；制定并实施适用于欧盟所有成员国的网络准入细则，确保天然气能在欧盟范围内自由流动，在发生供应危机时，能将天然气输送到最急需的地方。

（四）"管网准入法令 715/2009"

"管网准入法令 715/2009"是对"管网准入法令 1775/2005"的修正，更强调了为配合欧盟天然气产业链结构整体改革，欧盟管输管理所应采取的新模式，其目标是使天然气能够在欧盟范围内自由流动，进一步促进天然气短期交易、跨境交易。

该条例给出了欧盟管网规则中具体包括的12个方面：

（1）管网安全性及可靠性规则；

（2）管网连接规则；

（3）第三方准入规则；

（4）数据互换及清算规则；

（5）管网互用性规则；

（6）紧急操作程序；

（7）管输能力分配及管输拥塞管理；

（8）（交易相关）管输准入与系统平衡技术及运营规则；

（9）透明性规则；

（10）平衡机制；

（11）管输费体系规则；

（12）与管网相关的能源效率。

这些管网规则主要关注欧盟内跨境管输、内部一体化天然气市场问题的解决。

（五）相关配套保障供应指令

多次出现的供气中断现象（如俄乌天然气纠纷）使欧盟认识到，与拥有多个气源、输气系统四通八达的成员国相比，气源单一、输气系统相对孤立的成员国受供气中断的影响要严重得多。

2004年，欧盟提出保障供应的"2004/67/EC号指令"，该指令首次将供气安全纳入了市场整合，确保异常或紧急状况下（在用气高峰时，出现较大范围的基础设施异常状况）天然气的安全供给和正常贸易。2010年欧盟执行了新的"994/2010法令"，通过明确市场参与者的职责和企业所需承担的供应义务，进一步提高天然气的供应保障。该法令要求各国必须对其管网进行全面的风险评估以制订相应的应急预案。同时，引入电力系统风险评估的"n-1"原则，将管网长期发展规划与"n-1"原则评估结合，为有利于提高供气安全的新建工程纳入发展规划提供理论依据。

欧盟分别在2013年和2014年颁布《天然气管网系统管输能力分配机制的管理条例》和《天然气管网平衡机制的管理条例》，对管输费结构、管输分配能力等方面做了进一步规定。由于天然气工业体制和供需结构的差异，大多数欧盟国家至今仍处于天然气市场化改革阶段。当前欧盟国家上游依旧严重依赖进口，下游天然气交易中心的出现（如法国的 PEGs、德国的 NCG 和 GPL）虽然推动天然气价格从"油—气"挂钩向"气—气"挂钩转变，加速天然气市场化进程，但是与油价指数挂钩的天然气长期合同仍然是欧盟天然气供应的基石。

第五节 日本

一、天然气行业概况

日本国内天然气资源匮乏，主要通过进口 LNG 满足需求。2016 年，日本消费天然气为 1112 亿立方米，同比下降 2.2%。日本天然气占一次能源消费比例呈上升趋势，2016 年消费量占比达到 22.5%，低于石油（41.4%）和煤炭（26.9%）的占比。

日本天然气消费以发电为主。自 2011 年以来，由于在福岛核事故之后代替核电，发电用气占比迅速攀升。2016 年，日本天然气消费结构中，发电占比高达 63%，其次是工业，占比 22%，居民生活用气占比 8%，商业用气占比 4%，其他占比 3%。

日本严重依赖进口 LNG，以满足国内需求。特别是自 2011 年以来，LNG 总供应量大幅增加。2016 年，日本进口 LNG 量达 1085 亿立方米（图 1-3），占天然气消费量的 97.6%，其进口主要来自澳大利亚、马来西亚、卡塔尔、俄罗斯、印度尼西亚等国家，分别占日本进口总量的 26.9%、18.6%、14.6%、8.8% 及 8.0%。

日本没有全国性的综合的天然气管输系统，管道网络仅覆盖 5% 的国土，主要管输线路都是从国内天然气田或 LNG 接收站到需求区域，管道设施状况限制了天然气市场的进一步发展。在管道监管方面，相关法律规定所有管道建设方都有管道使用特许权，其他方使用管道要经过一定的程序。

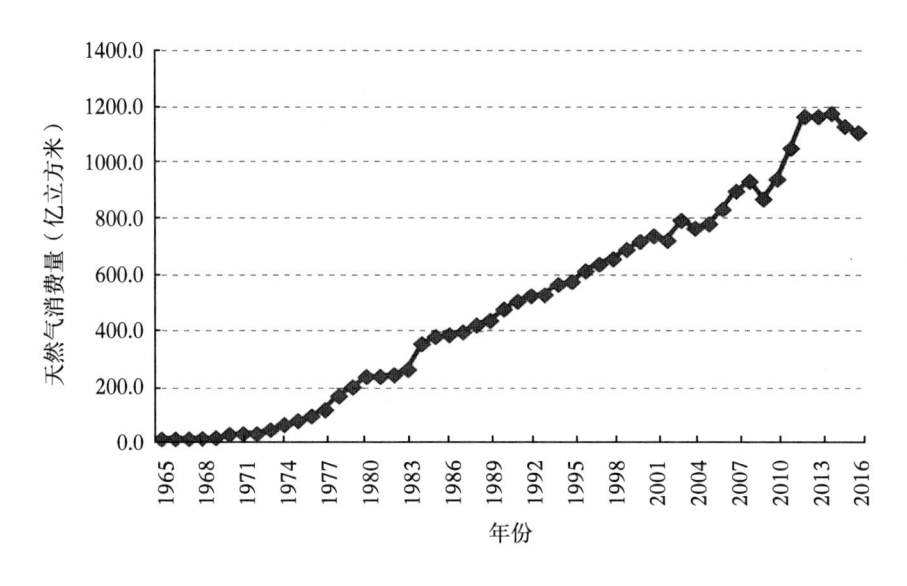

图 1-3　1965—2016 年日本天然气消费

纵观日本天然气市场发展历史，可以分为三个阶段：一是天然气市场起步阶段（1965—1969 年），天然气消费年均增长率 6.3%；二是天然气市场快速发展阶段（1970—1990 年），天然气消费年均增长率 14.9%；三是天然气市场稳步发展阶段（1991—2016 年），天然气消费年均增长率 3.6%。其中，受 2011 年福岛核事故影响，天然气消费有短暂回升，此后又因核电重启和可再生能源的发展，天然气消费量趋降。

二、天然气行业立法回顾

根据第二次世界大战后制定的《日本国宪法》（又称"和平宪法"），日本立法体制是一种中央集权和地方自治共存的立法体制。《日本国宪法》第 41 条规定，国会是国家唯一的立法机关，统一行使国家立法权，对需由国家以立法管制、调控的事项，均可制定法律。宪法上所谓"唯一的立法机关"，包含了两层意思：一是指所有的国家立法，都由国会进行，国会以外的机关不得进行国家立法，即国会中心立法原则；二是指国会在立法过程中不受其他国家机关的干预，只有国会的议决才能制定法律，即国会单独立法原则。

与此同时，宪法还赋予地方较大的自治权，自治单位可以在法定范围内行使条例制定权。在立法与行政的关系上，日本宪法虽然全面接受了美国的三权分立原则，但是，日本是一个单一制的君主立宪制国家，政府实行的是内阁制，因此，日本的立法体制不需要建构成美国式的联邦与州分享立法权的体制，也没有必要详细列举划分中央和地方立法权限的各项事项。同时，既然实行三权分立制度，当然需要在理论上和体制上解决行政机关与立法机关对于立法事项的相互关系问题，即行政机关如何在国会立法过程中发挥作用及如何实现授权立法。

针对本国能源匮乏但需求较高，日本在运用国家能源政策调控的同时，运用法律手段对相关能源产业、能源供需制度进行调节和监管。日本没有专门的天然气法，涉及天然气的法律分散到各个利用行业和相关领域的基本法和法规法令中。

1954年，日本为促进天然气消费制定《燃气事业法》，此后进行了多次修订。体系结构上，该法由七章和附则构成，共62条。此外，为贯彻实施《燃气事业法》，同年，日本又制定了《燃气事业法实施令》《燃气事业会计规则》。

日本从20世纪60年代起制定严格的环保法规，而且地方政府比中央政府的环保法规更严格，促使各部门和居民更多地使用天然气。1970年，日本制定《燃气公用事业法》管理城市燃气公司，该法由通商产业省❶确定气价和划定城市天然气公司销售范围，各城市天然气公司不得跨区经营。此后，又制定了《燃气事业法施行规则》《燃气设施的技术标准条例》《燃气事业法相关费用令》《燃气用品的审定等省令》等相关配套法律。

为了扩大天然气消费，20世纪90年代以来，日本逐步放松对天然气市场的管制。1994年制定并实施了《天然气市场自由化法》，1995年修改该法，解除政府对大用户和供气公司的气价管制，允许年消费天然气量达200万立方米以上的大用户与供气公司直接谈判气价，并且可向任何供气公司购气，降低了年使用量在200万立方米以上大用户的税率，这又进一步促进了日本天然气消费量的增长。1997年，通商产

---

❶：通商产业省是日本旧中央省厅之一，承担着宏观经济管理职能，负责制订产业政策并从事行业管理，是对产业界拥有很大影响的综合性政府部门。2001年（平成13年）1月6日中央省厅再编后，通商产业省改组为经济产业省。

业省成立了"城市天然气产业结构改革研究组",重点研究通过放松政府管制、增加竞争性和信息披露降低天然气成本的方案。1999年再次修改该法,主要内容是:(1)将享受优惠税率的大用户范围从年使用量200万立方米降低到100万立方米,这一政策涉及的用户使用量占城市天然气消费量的1/3,促进了大用户的使用率;(2)过去城市燃气公司调整民用天然气价格要得到政府的批准,修改后,燃气公司要降低民用价格,只需在政府备案,不必获得政府的批准;同时,燃气公司可以采取灵活多样的燃气销售计划,当根据不同消费量制定的折扣税率和价格能够被证明提高了现有设施的使用效率或者运转效率,就可以在政府备案实行。2004年4月,上述法律又进一步将减免税率的用户扩大到年用气量为10万立方米的用户,对于小型用户的天然气供应则仍如过去的管制,即以特定服务区域的垄断经营和授权价格为基础。

通过天然气立法的完善,日本成功地实现了自20世纪70年代以来的两次能源危机之后的能源政策调整,促进了天然气行业的快速发展。

第六节 国外经验借鉴与启示

美国、英国、欧盟等在天然气立法方面已有多年实践,这些国家普遍走的是一条法律先行的路子。尽管各国法律制定的时期与所处的国际、国内环境各不相同,但都体现出一些共同的特点,值得我国借鉴。

一、天然气法重点是对天然气市场中经济行为、政府对市场监管行为的规范,不涉及上游,上游管理由其他相关法律法规来规定

国外的天然气相关法律法规主要是对天然气市场和监管进行规制,如美国1938年颁布《天然气法》及后来重要的立法及条例主要围绕减少垄断、加强市场竞争,围绕定价和准入问题进行规定。在上游的勘探和开发领域,主要由各州法律、法规进行规定。英国1948年颁布《天然气法》以来的五次修订也主要围绕着建立、调整监管机构、放开市场、引入竞争等进行规定。欧盟的三道"天然气指令"也主要围绕

市场化展开。

1938年美国《天然气法》主要规定了：（1）对跨州和州内管道公司输气费率和价格进行规制。跨州和州内管道运输公司的价格应公平合理，禁止价格歧视限制竞争。天然气公司与燃气运输或销售有关业务设定的费率、收取的费用等，应当接受FERC的监管，任何影响或者与费率或收费有关的规则和管理应当公平合理，违反公平合理原则制定的费率或收取的费用都是非法的。（2）禁止操纵市场，禁止限制转售，禁止利用优势地位操纵市场的行为，禁止限制转售的行为。（3）许可证管理，在市场准入上，弱化对非跨州的管道运输公司和转售商的监管，实施许可证管理。（4）市场透明度规则，市场的有效竞争离不开交易的透明度，交易的透明度可以减少因信息不对称带来的潜在限制竞争的行为。FERC负有提高天然气市场透明度的责任。

1995年英国修订的《天然气法》确立了英国天然气市场进入准则，推动了天然气核心领域的竞争。英国政府通过发放天然气公共输送许可证、天然气托运商管网使用许可证、天然气供应商供气许可证及后来增加的天然气洲际输送许可证，建立市场准入准则。

在上游环节，国外对天然气有三个主要的监管领域：一是对项目许可证和所有权的监管，二是对安全和环境的监管，三是对生产商使用基础设施的监管。例如，美国天然气产业链的上游环节中，涉及的监管部门有美国内政部和环境保护署。其中，内政部的海洋能源管理局（BOEM）负责海上联邦国土租赁，而土地管理局（BLM）负责陆上联邦国土租赁，印第安事物局负责协调印第安土地上的租赁，自然资源税收办公室（ONRR）负责有关海陆矿产租赁的税收管理。另外，在环境保护方面，美国有严格的法律法规约束破坏环境的天然气勘探开发行为。在英国，能源和气候变化部（DECC）负责对天然气开发进行管理。DECC掌握天然气开发和生产许可证的发放、矿权招标及上游管道的准入权。由于英国自产天然气主要来自海上，DECC主要颁发三种类型的海上生产许可证。如果DECC认为天然气生产商在开发和生产中存在问题，比如没有达到所要求的安全、操作和环境标准，则有权撤销颁发的许可证。

二、国外天然气法立法与当时天然气行业发展的情况相适应，呈现明显的阶段性，并不是一步到位

各国天然气立法发展所走过的道路，是与当时的天然气行业发展相适应的，我国应借鉴其不同时期所建立的法律法规与政策，根据中国的实际情况和发展阶段相结合来制定我国的《天然气法》。

如1954年美国出台的"菲利普斯决议"，其背景是为了限制过高的井口价格，适应了当时市场发展需要。1978年出台的《天然气政策法》主要是针对井口价格管制过死造成供应不足的问题。法国对实行管输业务分离上也不是一蹴而就的，对法国燃气所属管道公司实行了财务独立，欧盟因此也调整了"2009/73/EC号指令"的规定，适应当时产业发展情况而允许管道公司逐步实现法律层面上的独立。可见，天然气法律、政策出台背景是与当时的发展背景相适应的，并非要一步到位。

目前，我国的天然气产业正处于鼓励基础设施建设投资和培育市场的成长期。因此，现行监管政策要充分考虑产业发展的需要，不能一步进入充分竞争阶段，培育天然气消费市场，重点鼓励天然气替代高污染的化石能源，促进下游用户（尤其是交通、锅炉等领域）使用天然气；在天然气定价机制的设计上要增强其竞争性。为鼓励管道、配气网络建设和增加供应量，在一段时期内应允许存在天然气供应和运输的长期合同，但须分级加强对输配管网的价格监管，降低输配气成本。

三、联邦制国家立法体制与我国不一样，可借鉴其技术层面上的相关制度；一元立法体制国家的天然气法立法体系、内容均可作为我国天然气立法借鉴对象

美国、加拿大、澳大利亚是联邦制国家，联邦和州根据宪法享有和行使各自的权力，决定了其立法体制主要内容是：国会和州议会分别是行使联邦立法权和州立法权的主体。因此每个州有不同的法律，有的州的法律规定甚至是冲突的。而英国、挪威是一元立法体制，议会是最高立法机关，政府从议会中产生，并对其负责，在全国范围内就制定一部法律。

总体看，我国也属于一元立法体制，与英国、挪威的情况相似，其

天然气法立法体系、内容均可作为我国立法借鉴对象。而美国、加拿大、澳大利亚等联邦制国家的天然气法主要可借鉴其规制的内容和具体的制度，在法律形式上借鉴性较弱。

四、行业协会在制定天然气法以及相关规范性文件中起到重要作用，侧重于对天然气市场中的标准、程序等行业性规范行为的约定

在国家制定天然气相关法律法规的同时，也要充分发挥行业协会的作用，通过行业自律而不是法律的强制行为，使之能够约束和规范企业的经营行为并协调利益相关者的关系，对于减轻政府管理压力、营造良好的市场环境是有利的。

欧洲国家的政府、行业协会、天然气生产商、管道公司、天然气大用户等是市场参与和管理主体，在建设天然气交易市场过程中各司其职，充分发挥了各自的积极作用。欧洲在天然气行业规范及市场化发展中，政府侧重于对天然气交易市场的全局性、战略性发展问题的把握、制订发展目标、改革原则、监管框架等内容，欧洲能源监管理事会（CEER）、欧洲能源交易商联盟（EFET）等社会组织、行业协会主要在完善交易方式、发布市场信息、制定交易规则上提供支撑，形成行业内公认的标准规范与制度。行业协会作为政府与企业、企业与企业、企业与消费者之间的"桥梁"，其作用是绝不应该被忽视的。

例如，德国全国性天然气行业协会：燃气与水协会（DVGW）主要从事燃气技术管理工作。根据《联邦德国能源管理法》中相关规定，行业安全、健康与环保技术规范的规定标准由DVGW制定，协会制定的技术规范是德国燃气供应企业和行业辅助企业科学运营、协会综合管理和社会共同监督行业技术状况的重要制度依据。作为中介组织，德国的行业协会历来就是反映企业共同利益和传递政府政策精神，实现上下沟通，平衡各方利益的"桥梁"。所以由DVGW出面承担德国燃气行业规范的制定和实施的重任，确实是顺理成章的必然选择。德国燃气行业技术监管的显著成效也证明了这种模式符合德国的国情。

五、大多数国家通过天然气法设立了独立的天然气市场监管机构，具有独立的监管权、执法权

独立监管是各国天然气立法实践中又一重要经验。独立监管是现代监管制度的一项重要原则，它要求分离政策的制定职能与监管职能。这种结构分离的必要性，并非指独立的监管机构不受政府政策的约束，而是指它能够独立地执行监管政策而不受利益相关方的干扰。独立监管的意义在于：第一，便于归口管理，提高管理效率；第二，能够确保监管部门公正公平地执行监管政策，不受外来压力的干扰。

由于能源产业改革的特殊性及其广泛存在自然垄断性环节，发挥政府管理的作用勿庸置疑。但政府应该逐步从竞争性领域中退出，进一步转变职能，从"指令性管理"向"禁令性管理"转变，这就要求将政策的制定职能与监管职能完全分开，建立独立的国家级综合监管机构和行业监管机构。

英、美、澳三国对天然气行业监管机构都是由国会、议会或联邦政府联席会议（澳大利亚政策制定的最高决策机构）讨论设立，并规定其监管范围和职权，然后由政府（首脑或有关部门）任命其领导人，负责组建该监管机构，监管机构都具有相对独立性。其独立性主要体现在监管机构虽然都是依法设立，隶属于政府，但是都相对独立于政府部门。英国政府根据《1986年天然气法》，针对天然气行业成立了专门的监管机构——天然气供应办公室，2000年根据《公用设施法》，英国天然气供应办公室和英国电力办公室合并，组成新的监管机构——英国天然气和电力市场办公室。该机构由议会批准设立，虽先后隶属于能源部和贸易工业部，但依法享有独立监管决策的权力。美国的天然气监管机构即联邦能源监管委员会由立法机构批准设立，是一个独立的能源监管机构，具有司法审判功能，独立于政府，其主要职责是依法监管全美天然气工业、电力设施、水电项目和输油输气管道。澳大利亚于2001年成立能源部长理事会（MCE），下设能源监管委员会、能源市场委员会、竞争和消费者事务委员会三大机构，也是独立于政府的能源事务方面的监管机构。

第二章 我国天然气行业发展现状和改革方向

我国天然气行业正处在加快发展阶段,近十多年来国内天然气的供应、管输、储存和市场消费都实现了较大的突破和发展,天然气消费规模已经超过 2000 亿立方米,在国内一次能源消费结构中占有一定比例,随着能源革命的深入和天然气行业自身改革的推进,未来天然气在能源结构中的地位将更加重要。但同时,目前天然气行业也出现了一些问题,会影响和制约未来的发展,需要引起重视,特别是需要在立法和实际管理上逐步妥善解决。

第一节 我国天然气行业发展现状及趋势

一、天然气资源与供应

(一)国内资源潜力大,供应能力持续增强

1. 国内天然气地质资源量较大,具备良好的资源基础

我国是一个天然气资源比较丰富的国家,20 多年来先后进行了 4 次全国范围内的资源评价。2015 年全国油气资源动态评价结果显示,我国常规天然气地质资源量为 90.3 万亿立方米,可采资源量为 50.1 万亿立方米,包括致密气地质资源量为 22.9 万亿立方米、可采资源量为 11.3 万亿立方米。其中,陆上天然气地质资源量为 69.4 万亿立方米、可

采资源量为37.9万亿立方米，近海地质资源量为20.9万亿立方米、可采资源量为12.2万亿立方米。常规天然气、页岩气、煤层气的地质资源总量为242.2万亿立方米，可采资源量为84.4万亿立方米，我国天然气资源量情况见表2-1。

表2-1　我国天然气资源量汇总表

序号	名称	地质资源量（万亿立方米）	可采资源量（万亿立方米）
1	常规气	90.3	50.1
2	页岩气（4500米以下）	121.8	21.8
3	煤层气（2000米以下）	30.1	12.5
	合计	242.2	84.4

数据来源：2016年6月国土资源部发布的"2015年全国油气资源动态评价结果"。

资源储量是一个动态评价和认识的过程，随着地质认识的深化、勘探新理论和新技术的不断发展，预计未来我国天然气资源量将有大幅度增长的可能。根据2015年全国油气资源评价结果显示，预计在2030年以前，我国天然气地质储量还将处于高峰增长阶段，其中2016—2020年年均新增探明储量6960亿立方米；2021—2030年年均新增探明7268亿立方米。预计2016—2030年累计探明储量10.75万亿立方米，年均新增探明储量7166亿立方米。按常规天然气地质资源量90.30万亿立方米（包括常规气与致密气）考虑，2030年的资源探明程度将为25.0%，属于勘探的早中期，仍然具有较大的潜力。

另据BP公司世界能源统计年鉴2016所示，截至2015年年底中国天然气累计探明可采储量为3.84万亿立方米，储采比为28。我国天然气探明程度还比较低，年新增探明储量正处于快速发展阶段。

2.常规气与非常规气并举，产量持续保持快速增长

国产天然气已形成常规气与非常规气并举的供气局面。2005年国内天然气产量为500亿立方米，2015年的国内天然气产量增加到1350亿立方米；2016年的国内天然气产量小幅增至1371亿立方米，增速为1.5%，十多年来的年均增速为10.4%，年均增量为75亿立方米。

2015年常规天然气产量达到1233亿立方米，与2014年相比减少

17亿立方米，近两年增速放缓主要受宏观经济形势、国际油价保持低位、天然气价格调整等因素影响，全国天然气表观消费量增速放缓，国产资源有所压减。

2015年煤层气地面抽采量44.3亿立方米，与2014年相比增加19.9%。近十年，煤层气保持稳步增长，年均增量为4.4亿立方米，"十二五"期间年均增量为6.0亿立方米。

页岩气开发自2011年获得工业性突破以来取得跨越式发展，储量、产量都保持较快增长。2015年页岩气产量为44.7亿立方米，同比增加31.7亿立方米，增长258.5%，其中，中国石化建成产能50亿立方米，实现产量30.6亿立方米；中国石油建成产能25亿立方米，实现产量13.1亿立方米；其他企业建成产能约5亿立方米，实现产量约1亿立方米。

《能源发展"十三五"规划》提出，天然气发展坚持海陆并进、常非并举；推进鄂尔多斯、四川、塔里木气区持续增产，加大海上气区勘探开发力度；以四川盆地及周缘为重点，加强南方海相页岩气勘探开发，积极推进重庆涪陵、四川长宁—威远、云南昭通、陕西延安等国家级页岩气示范区建设，推动其他潜力区块勘探开发；建设沁水盆地、鄂尔多斯盆地东缘和贵州毕水兴（毕节—六盘水—兴义）等煤层气产业化基地，加快西北煤层气资源勘查，推进煤矿区瓦斯规模化抽采利用；积极开展天然气水合物勘探，优选一批勘探远景目标区。预计2020年常规天然气产量将达到1700亿立方米，页岩气产量将达到300亿立方米，煤层气（煤矿瓦斯）利用量达到160亿立方米。即到2020年，国内各类资源产量规划达到2160亿立方米，与《天然气发展"十三五"规划》中的2070亿立方米目标基本一致。

另据中国工程院重点咨询项目《我国油气资源供给与管道发展战略研究》研究成果，初步判断2020年全国天然气产量2250亿立方米，其中，页岩气、煤层气产量400亿立方米。2030年全国天然气产量将达到3500亿立方米，远期2050年全国天然气产量将有望达到4300亿立方米。我国天然气产量发展趋势预测如图2-1所示。

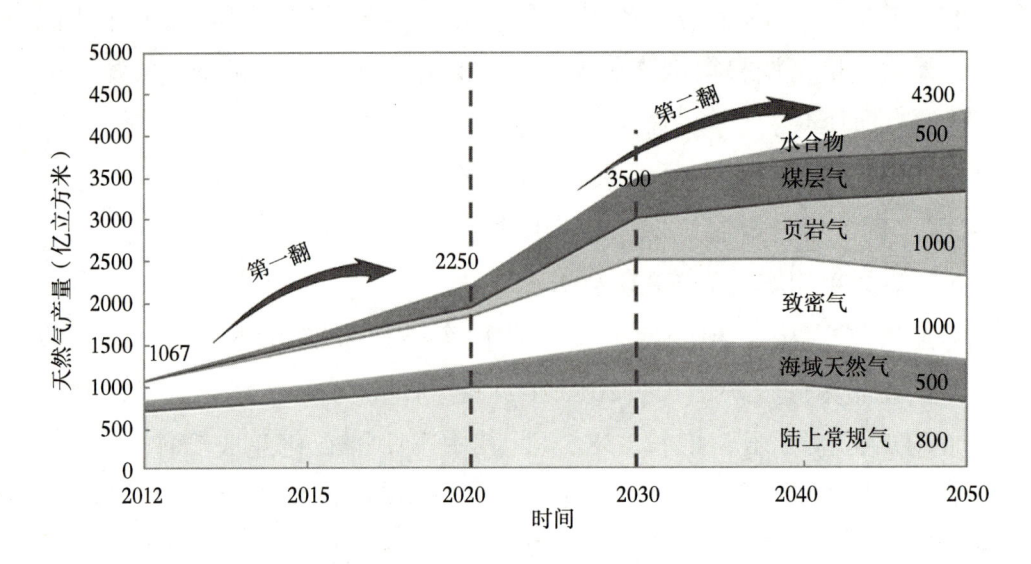

图 2-1 我国天然气产量发展趋势预测图（据中国工程院）

3. 煤制天然气项目预计总产能较大，受政策影响不确定性较大

截至 2017 年 5 月底，国家发改委共核准煤制天然气项目 7 个，合计产能 251 亿立方米/年。除去前几年已经建成投产或在建的大唐克旗、新疆庆华、内蒙古汇能、辽宁阜新四个煤制气项目外，2016 年下半年以来又陆续核准了苏新能源和丰有限公司 40 亿立方米/年、伊犁新天煤化工有限责任公司 20 亿立方米/年、北控京泰能源发展有限公司 40 亿立方米/年的三个煤制天然气项目。此外，中国海油山西大同 40 亿立方米/年项目获得国家环保部环评批复，中国海油鄂尔多斯 40 亿立方米/年、准噶尔旗建投通泰 40 亿立方米/年、内蒙古华星新能源 40 亿立方米/年此三个项目的环评，国家环保部已受理。准东地区的中国石化 80 亿立方米/年、河南龙宇能源股份有限公司 40 亿立方米/年、浙江省能源集团有限公司 20 亿立方米/年此三个项目新疆环保厅已受理。中国石化新疆煤制天然气外输管道、中国电力投资集团公司霍城煤制天然气外输管道环评已获环保部批复，中国海油蒙西煤制气管道已获沿线 4 省 1 市批复；另外还有一批向国家申请或在省区备案项目，总产能超过 1200 亿立方米/年。

从目前各项目实际进展来看，环境评价和水资源成为各项目制约因素，同时项目业主建设的积极性也受国内及全球天然气市场供求形势和价格的影响。结合各项目实际进展，2020年之前以已核准项目为主，环评已批复的3个项目进展较快。

（二）国外进口气资源趋于多元，对外依存度持续增加

2006年，深圳大鹏湾LNG接收站投产，实现我国进口天然气零突破。2010年，西气东输二线建成投产，实现进口管道天然气的突破。2013年，广汇集团从哈萨克斯坦进口天然气，实现我国民营企业进口的突破。2015年，我国进口天然气量614亿立方米，对外依存度32.4%。2016年，我国天然气进口量增加到721亿立方米，与2015年相比增长17.4%。其中，LNG进口量为337.6亿立方米，与2015年相比增加79.2亿立方米，增速30.6%；进口管道气为383.4亿立方米，与2015年相比增加27.8亿立方米，增速7.8%。对外依存度也增加了1.6个百分点，达到34%。2005—2015年我国天然气进口增长趋势如图2-2所示。

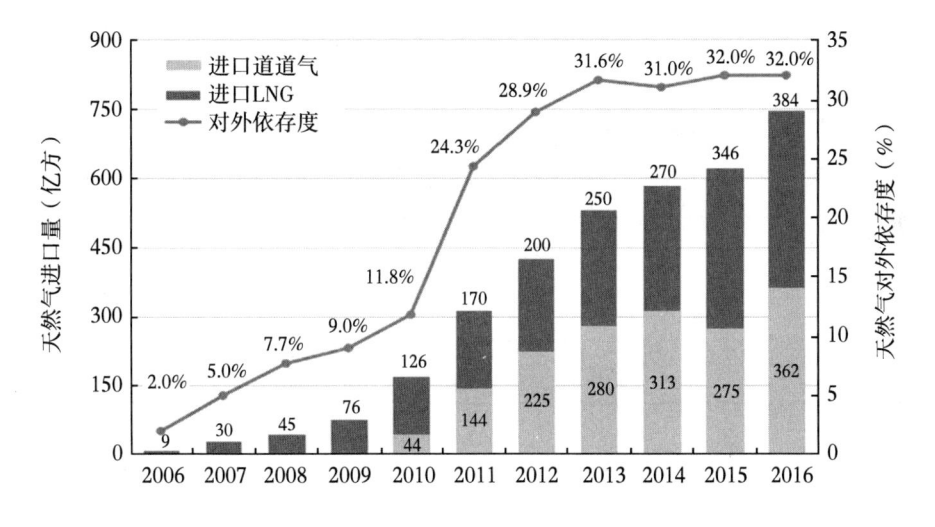

图2-2 我国天然气进口量增长趋势图

为满足不断增长的天然气需求，我国在不断拓宽天然气进口渠道，陆上、海上来源都在趋于多元化，资源进口国已超过10个。根据目前各天然气公司已签订购销协议项目情况，2020年长协气进口量预计可达到1450亿立方米，其中，进口管道天然气830亿立方米，进口LNG气量620亿立方米。届时天然气消费量如按3300亿立方米考虑，则对外依存度可能超过40%，需要更加关注天然气的供应安全保障问题。

（三）到 2020 年全国天然气资源供应潜力可超过 3500 亿立方米

根据《天然气发展"十三五"规划》，到 2020 年，天然气产量将达到 2070 亿立方米，其中，陆上常规气 1570 亿立方米（含致密气 370 亿立方米），海上天然气 100 亿立方米，页岩气 300 亿立方米，煤层气 100 亿立方米。据前所述，预计 2020 年进口管道气 830 亿立方米，进口 LNG 气量达 620 亿立方米。到 2020 年，全国天然气供应潜力可能超过 3500 亿立方米（表 2-2）。

表 2-2　2020 年全国天然气供应潜力（单位：亿立方米）

气源			2020 年
国产气	常规天然气		1570
	非常规气	页岩气	300
		煤层气	100
		小计	400
	煤制气		100
	合计		2070
进口气	进口管道气		830
	进口 LNG		620
	合计		1450
总计			3520

二、天然气基础设施

（一）天然气管网主体框架已经基本形成，未来需要加快建设

经过多年发展，我国天然气管网主体框架已经基本形成，对天然气市场发展的保障作用逐步增强。"十二五"期间累计建成干线管道 2.14 万千米，截至 2015 年年底，全国天然气干线管道总里程达到 6.4 万千米（2016 年年底约 6.8 万千米），形成了以西气东输系统、陕京系统、川气东送系统、西南管道系统为骨架的横跨东西、纵贯南北、连通海外的全国性供气网络，"西气东输、海气登陆、就近外供"的供气格局已经形

成，干线管网一次输气能力约 2800 亿立方米/年，并在西南、环渤海、长三角、中南及西北等地区已经形成了比较完善的区域性天然气管网。

展望未来，我国天然气消费仍将保持较快的增长速度，2020 年的天然气消费规模将超过 3000 亿立方米，2030 年有望达到 5000 亿立方米，现有基础设施远不能满足市场增长的需要，"十三五"乃至"十四五"期间，管网建设的任务仍然非常重，管网设施仍有待快速发展，尤其是区域互联管道、与用户或区县相连的支线管道亟待完善。《天然气发展"十三五"规划》提出 2020 年全国天然气干线管道里程达到 10.4 万千米，年均增加 8000 千米，管道建设任务比较艰巨。

（二）LNG 接收站数量和规模快速增加，将形成投资多元化格局

建设 LNG 接收站，实施"海气登陆"战略，是实现天然气资源供应灵活多元化的重要保障。自 2006 年中国海油深圳大鹏湾建成投产以来，至"十二五"末，我国共建成投产 12 座 LNG 接收站，截至 2017 年 6 月，又新添 5 座，全国共建成 LNG 接收站 17 座，总接收能力达到 5400 万吨/年（含上海 5 号沟、东莞九丰、广汇启东）。另外还有一批正在建设和规划的 LNG 接收站项目，如中国石化天津、连云港、温州，新奥舟山，中国石油深圳，中国海油盐城、漳州等，"三桶油"之外的企业投资 LNG 接收站的热情也非常高，预计到 2020 年建成、扩建及新加入的 LNG 接收站点，总规模可达 8000 万吨/年左右；2025 年将增至 10000 万吨/年甚至更大。目前，国内 LNG 接收站生产负荷普遍偏低，尤其是夏季低谷期因市场低迷有些站只有蒸发气（BOG）外输，随着天然气调峰设施市场化发展趋势，未来将有更多的 LNG 接收站用于调峰和应急储备功能，或作为季节套利工具，大型 LNG 物流基地逐步涌现，LNG 资源的灵活性也使得保供能力增强。

（三）地下储气库快速发展，总体建设滞后

"十二五"期间，我国地下储气库建设速度明显加快。除继续在华北地区扩建已有储气库外，还新建成了苏桥储气库、板南储气库，形成大港储气库群、华北储气库群；在西北地区依托新疆油田建成呼图壁储气库；在西南地区依托西南油气田建成相国寺储气库；在东北地区依托

辽河油田建成双 6 储气库；在中西部地区依托长庆油田建成陕 224 储气库；在中南地区依托中原油田建成文 96 储气库；依托西气东输管道建成刘庄储气库和金坛储气库。截至 2016 年年底，我国共建成投产储气库 18 座，形成工作气量 64 亿立方米 / 年，较大程度上可保障北方京津地区高峰期用气需求。

尽管储气库建设实现了较快增长，但与"十一五"以来快速发展的消费需求相比，我国储气调峰设施建设严重滞后，远没有跟上市场发展，区域性、季节性用气高峰期时常出现减停供气情况，迫切需要加快建设步伐。《天然气发展"十三五"规划》提出，到 2020 年储气库工作气量达到 148 亿立方米 / 年，年均增加 21 亿立方米 / 年，这一目标的实现需要政府强有力的政策推动和激励措施。

三、天然气市场

（一）国内天然气市场处于快速发展期，利用规模将进一步扩大

以西气东输管道 2004 年正式商业运营为标志，我国天然气市场由启动期进入发展期。2010 年天然气消费量突破 1000 亿立方米，2015 年天然气消费量达到 1931 亿立方米，"十二五"年均增长 12.4%。2016 年天然气表观消费量 2058 亿立方米，首次突破 2000 亿立方米大关。

2014 年以来，受气价调整滞后、产业结构调整、经济发展步入新常态等影响，天然气消费增速放缓，近几年，年均增速下降至 6.4%，天然气市场增长出现波动，呈现阶段性供应富余，增长模式由"供应驱动"向"消费拉动"转变。但总体来看，天然气市场仍处于快速发展期，特别是国家通过出台促进天然气消费利用的相关意见和地方政府落实大气污染治理等等行动，天然气市场发展的空间仍很广阔。预计未来天然气消费利用规模仍将进一步增长，未来主要在城镇燃气、工业燃料升级、天然气发电和交通燃料升级四大领域加快天然气利用，2020 年可达到 3300 亿立方米左右。我国天然气市场的发展的阶段性如图 2-3 所示。

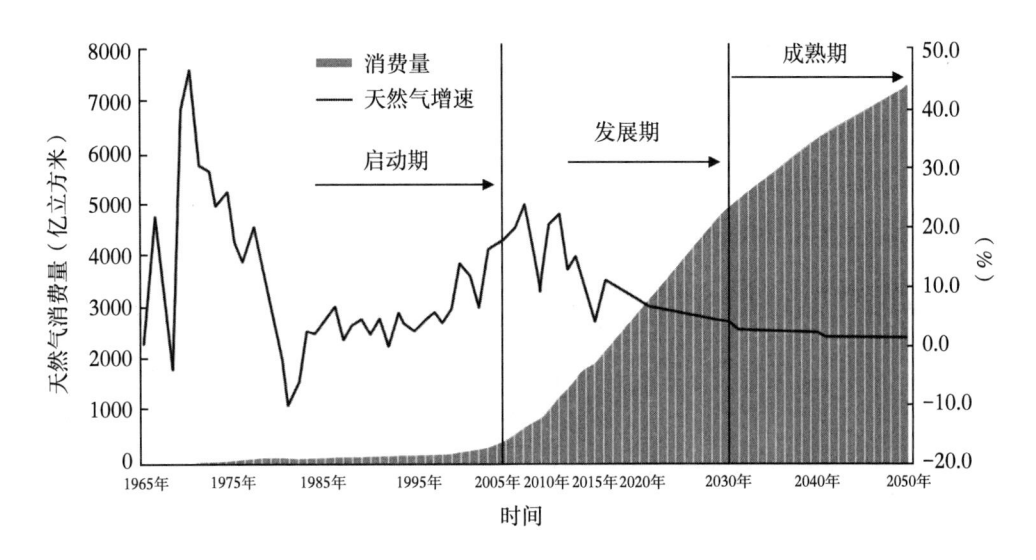

图 2-3 我国天然气市场发展的阶段性

（二）在一次能源中占比较低，但未来潜力大

2016 年我国天然气在一次能源消费总量中的占比仅为 6.3%，远低于世界的平均水平 24%。我国和典型国家能源消费结构对比情况见表 2-3（表中数据他国为 2015 年，中国为 2016 年）。

表 2-3 我国和典型国家能源消费结构对比表

国家	石油	天然气	煤炭	水电、核电、新能源
世界	32.9%	23.8%	29.2%	14.0%
中国	18.1%	6.3%	64.0%	12.0%
美国	37.3%	31.3%	17.4%	14.0%
俄罗斯	21.4%	52.8%	13.3%	12.4%
英国	37.4%	32.1%	12.2%	18.2%
日本	42.3%	22.8%	26.6%	8.3%

数据来源：BP 公司世界能源统计年鉴 2016。

《能源发展"十三五"规划》提出，到 2020 年把能源消费总量控制在 50 亿吨标煤以内，天然气消费占比力争达到 10%。如果 2020 年一次能源消费总量按 48 亿吨标煤考虑、天然气占一次能源消费量 10% 的目标下，对应消费规模可达到 3600 亿立方米。2030 年如果天然气消费占比 15%、一次能源消费总量 55 亿吨标煤计，则天然气消费量有望达到

6200亿立方米。

（三）天然气消费峰谷差加大，调峰保供形势更加严峻

受季节气候变化、气温影响，我国天然气消费冬夏季节不均匀性明显（图2-4）。从行业用气来看，工业燃料、发电和化工往往用气较为均匀，城市燃气用气波动性较大，特别是采暖用气。从地区来看，东北、西北、中西部和环渤海地区属于采暖区，季节性波动强，调峰需求大。尤其是目前天然气采暖占比较大的环渤海和西北地区，季节波动性尤其大，北京冬夏峰谷差在5倍以上，最高时达10倍。受储气调峰设施不足影响，近些年政府和供气企业在冬季不得不压减部分工业用户的用气以保障民用气的供应。未来随着全国范围内大气污染防治行动计划稳步推进、京津冀地区雾霾治理深入、煤改气工程上马等，冬夏季节天然气需求峰谷差将会进一步加大，预计全国季节调峰需求占消费总量的8%~10%，局部区域在15%~20%，天然气调峰能力亟待加强。

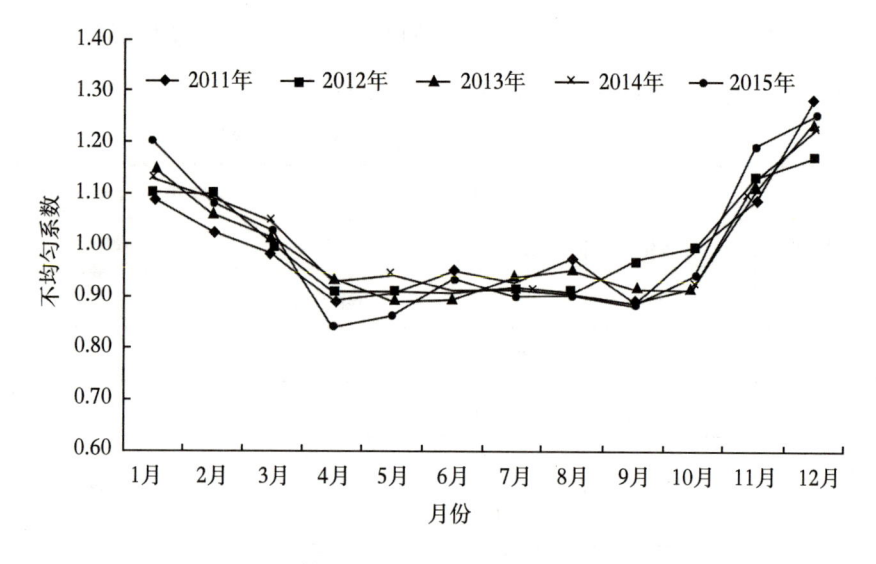

图2-4 我国天然气消费月不均匀系数图

（四）天然气市场交易模式以购销合同为主，交易中心快速发展

我国天然气市场销售方主要为三大石油公司（中国石油、中国石化、中国海油），下游购气方主要包括城市燃气、工业燃料、交通、发电等类型的企业和用户。目前天然气销售主要以石油公司与用户签订长期购销合同的方式进行，部分地区只签订供气协议而未签订合同。虽然

名义上采用照付不议制度，但实际运行中没有对买卖双方的供需行为进行严格兑现，时常出现供应中断、用户超协议用气等情况但从未追究责任，契约精神还不到位。

随着交易中心的快速发展，近期也出现了现货交易的新方式。2015年，上海石油天然气交易中心试运行，2017年对管道气采用竞价方式，实际上就是参考国外经验实施的天然气现货交易——在供气上，供应方优先供应和结算竞拍的天然气，即将这部分竞拍获得的天然气视为现货。

未来，购销合同仍将作为主要的交易方式，对照付不议的制度执行将会逐步严格落地。2017年，重庆石油天然气交易中心成立，新疆等省（自治区、直辖市）也在探索成立地方性的油气交易平台，未来将通过交易平台尝试建立更市场化的交易模式，使天然气交易更加灵活，作为长期合同的重要补充。

四、天然气价格

（一）政府正在逐步放开天然气价格管制

我国天然气价格长期受政府监管，主要分为两个阶段：第一阶段为井口价格管制阶段（1956—2011年），前后持续了55年；第二阶段为门站价格管制阶段（2011—2016年），这也是国家天然气价格市场化改革加速阶段。我国天然气定价机制改革历程见表2-4。

表2-4 我国天然气定价机制改革历程

项目	2013年7月之前	2013年7月至2015年11月	2015年11月以来
定价方法	成本加成法	市场净回值法	市场净回值法
价格监管	井口价+管输价	门站最高限价	门站基准+浮动
定价基点	出厂环节	门站环节	门站环节
各省门站价格	井口价+管输价	基准点价格+升贴水	基准点价格+升贴水

2011年年底，国家发改委在广东和广西进行天然气定价机制改革方案的试点：引入市场净回值法，定价基准点价格与可替代能源价格挂钩确定；各省门站价格根据基准点价格再考虑贴水确定；价格管理方式实行"最高门站价格"管理；综合考虑中国天然气市场资源流向、消费和管道分布现状，选取上海市作为计价基准点。

计价基准点的门站价格与燃料油价格、液化石油气（LPG）价格挂钩确定，定价公式如下：

$$P_{\text{天然气}} = K \times \left(\alpha \times P_{\text{燃料油}} \times \frac{H_{\text{天然气}}}{H_{\text{燃料油}}} + \beta \times P_{\text{LPG}} \times \frac{H_{\text{天然气}}}{H_{\text{LPG}}} \right) \times (1+R) \quad (2\text{-}1)$$

式中 P ——计价基准点（上海市）的门站价格；

R——折价系数，现阶段为 0.9；

P、P——进口燃料油和 LPG 的海关统计价格；

H、H、H——燃料油、LPG 和天然气的净热值（低位热值）分别取 10000 千卡/千克、12000 千卡/千克和 8000 千卡/立方米。

各省最高门站价格＝计价基准点门站价格－贴水。各省贴水指与定价基准点（上海）的价差，考虑运输成本、经济发展水平及是否为天然气主产区等多方面因素确定。

2013 年 7 月，市场净回值法在全国范围内推行，天然气价格管理由出厂环节全面调整为门站环节。国家制定各省门站最高限价，建立了天然气价格与可替代能源价格挂钩的动态定价机制，并采取增量气价格一步执行到位，存量气价格分三年调整到位的推进方式。此时国际油价大致为 110 美元/桶，增量气计价基准点的价格为 3.32 元/立方米，存量气与增量气的价差相差 0.88 元/立方米。同时放开了页岩气、煤层气、煤制气等非常规天然气的市场销售价格。

2014 年 9 月，国家发改委将非居民用存量气价格上调 0.40 元/立方米，存量气价格朝着增量气价格并轨的方向又迈进了一步，增量气价格维持不变（此时国际油价保持在约 110 美元/桶），此时存量气与增量气价差缩小到 0.48 元/立方米；同时规定放开进口 LNG 的市场销售价格。

2015 年 4 月，由于国际市场油价下降（此时约为 90 美元/桶），国家发改委将增量气计价基准点价格下调 0.44 元/立方米、存量气价格上调 0.04 元/立方米，实现存量气与增量气价格并轨。同时规定放开直供工业用气的市场销售价格，直供大用户价格由供需双方协商确定。

2015 年 11 月，在国际油价大幅下降背景下，国家发改委将非居民用气最高门站价格下调 0.7 元/立方米。同时，将非居民用气由最高门站价格管理改为基准门站价格管理，供需双方可以基准门站价格为基础，在上浮 20%、下浮不限的范围内协商确定具体门站价格（2016 年 11 月 20 日起允许上浮）。新的天然气定价机制改革给予了供气企业更大的定价自主权。

2016 年 11 月，全面放开化肥用气价格管制，由供用气双方协商定价。鼓励化肥用气进入石油天然气交易中心交易。同一时期，国家发改委发文决定在福建省开展天然气门站价格市场化改革试点，西气东输供福建省门站价格由供需双方协商确定；鼓励西气东输供福建天然气进入石油天然气交易中心进行交易。

经过一系列改革，现阶段我国大部分天然气的气源价格和销售价格已经放开管制，只对居民用气价格进行严格管制，对城市燃气非居民用气价格实行基准价格管理，其他用气由市场供需或协商决定。对天然气管道运输和配气环节的价格，国家先后在 2016 年和 2017 年出台了管理办法，按照"准许成本+合理收益"的原则定价，政府加强成本监审，下一步还可能对管道运输环节实行"两部制"计价。即按照"容量费+使用费"两个计价元素的方式收取管输服务费，"容量费"主要回收管道固定投资，"使用费"主要回收管道运营的成本。我国天然气价格情况见表 2-5。

表 2-5 我国天然气价格管制现状

序号	项目	价格类型
1	管制价格	城市燃气中的居民用气，未来放松管制
		管道运输和配气，未来将进一步强化，鼓励管输两部制
2	放松管制价格	城市燃气中的非居民用气，未来全面放开
3	明确放开管制价格	LNG 生产用气
		直供工业用气
		页岩气、煤层气和煤制气等非常规气源价格
		储气服务
		化肥用气
		交易平台上天然气竞价

（二）天然气交易中心深入推进价格市场化

2017年9月，上海石油天然气交易中心启动管道天然气现货竞价交易，实行基准价报单、竞价购买的模式。由于当前天然气市场紧张、供不应求，天然气竞价形成的交易价格大多在基准价基础上上浮了20%，初步反映了天然气供需状况，也是天然气市场响应国家放开天然气价格管制的具体实践。重庆石油天然气交易中心预计将采取更加市场化的交易方式，可能会形成区域价格标杆，逐步打造中国版的"亨利中心"（Henry Hub，美国天然气市场常用亨利中心价格作为交易的基准价格），形成区域性乃至全国性的价格中心。

第二节　我国天然气行业发展存在的主要问题

一、天然气资源获取存在的问题

（一）多种因素造成上游开采效率不高

1. 低品位资源和非常规天然气成为储量产量的增长主体

低品位资源成为油气储量增长的主体。"十三五"前两年的探明油气储量中，低丰度储量分别占90%和54%，低—特低渗透储量分别占89%和94%，资源品质持续向分散、致密、难采的方向变化；油气藏类型由以构造型为主，向岩性、地层、复杂构造为主的更加隐蔽的油气藏类型变化，近三年的岩性、地层和复杂构造油气藏探明储量占比达80%以上；勘探目的层深度逐步由中浅层向中深层变化，近三年埋深大于3500米的油气储量分别占60%和70%以上。

非常规天然气资源逐渐成为勘探开发主要对象。非常规气主要包括致密砂岩气、页岩气、煤层气等。截至2016年底，全国致密砂岩气累计探明地质储量4.5万亿立方米，占总储量38%；2016年致密砂岩气产量395亿立方米，占总产量的30%。致密砂岩气地质资源量22.9万亿立方米，目前探明率很低，剩余资源丰富。鄂尔多斯盆地上古生界、四川盆地须家河组、松辽盆地深层致密砂砾岩等是现实勘探领域。页岩气在3500米以浅海相页岩气领域开发技术基本成熟配套，2016年页岩气产量达 78 亿立方米，累计提交探明地质储量 5441.29 亿立方米。页岩气资源主要分布在埋深 3500 米以深区域，勘探前景巨大，随着 3500 米以深区域的勘探开发技术进步，页岩气产量有望大幅增长。2016 年煤层气产量 45 亿立方米，累计提交探明煤层气储量 6869 亿立方米。据全国第四次资源评价，煤层气探明率仅为 2.3%，剩余资源丰富。国家"十三五"规划 2020 年产量 300 亿立方米，占天然气总产量 14.5%；新增探明地质储量 4200 亿立方米。我国煤层气资源主要分布在中低煤阶领域，资源量占 2/3。随着中低煤阶煤层气地质理论创新与勘探开发技术进步，煤层气储量和产量将不断增长。

2. 天然气资源分布区地貌复杂，难度加大成本增加

我国东部地区含油气盆地地质条件复杂，部分已进入高勘探程度阶段，区带目标准备不足的矛盾突出。勘探对象逐步转向复杂地表（如沙漠、山地、黄土塬）、深层—超深层、低—特低渗透、致密油气藏、复杂构造和复杂储层（火山岩、碳酸盐岩）油气藏，加之地面条件施工条件由以往的相对简单向复杂条件复杂地区变化，如复杂山地、沙漠、海域、城镇及河湖水系、草原、风景区等自然保护区等，勘探难度日趋加大。

3. 天然气生产企业承担责任多、负担重，在与地方和矿权叠合企业间的协调上处于弱势地位，生产效率不高，建产难度大

（1）外部环境复杂。随着国民经济发展，地方经济利益诉求不断增加，土地价格上涨，企业与地方、企业与工农之间的关系越来越复杂，征地难度加大，赔偿费用持续上升。矿权登记与缴费管理强度日益加大，对矿权保护资金投入最低限度要求日趋严格，维护矿权难度增大。新环保法的实施，生态保护区、水源地、风景区的油气勘探工作受到极大限制，对钻井液、含油岩屑、污水污泥的处理提出了更高的要求。

（2）矿权叠合区的管理上处于弱势。矿权叠合天然气气区与石油、煤田、盐等多种资源重叠，近年来地方政府加大气区范围里煤炭和盐等资源的开发力度，由于煤和盐等上部资源开发之后，将会给下部天然气开发造成极大困难，甚至造成资源无法开发利用；煤层气矿权与煤炭矿权重叠交叉时，"先采气、后采煤"的政策并不能完全执行；另外，个

别地方小企业在已开发天然气区开发煤炭等资源，安全意识极其淡薄，不签或者无视安全避让协议，存在较大的安全隐患。

以上这些因素都不可避免地造成了天然气生产成本提高，一旦在价格上受到约束，上游天然气生产的积极性会受到影响。

（二）国外资源获取成本高，途径单一

一是企业走出去获取资源的动力与能力不足，资源成本高，具体表现为"单打独斗"多、采购力量分散，议价能力不足；二是目前进口气气源主要集中于少数国家，供应安全问题凸显；三是现有基础设施没有开放，使得大量获取国外资源的难度变大，即国内企业到国外买气源，但不能运回国内，因为没有基础设施或没有开放基础设施。

二、天然气输送、储存环节存在的问题

（一）管道设施信息公开和公平开放不充分

一是省内天然气管道运行数据公开不充分。国内主要管道运行单位除中油管道公司外，还有中国石化、中国海油、省级管网公司、华润、新奥及省内天然气公司都还没有要求定期公布管道情况、管道沿线开口位置、运行能力参数等信息，信息公布不全面。二是管道设施开口不充分，管道运行单位以各种理由不予开口，或同意开口，但办理开口手续时限过长，严重影响下游用户用气，不利于天然气市场发展。三是在基础设施第三方准入的实行上也不充分，第三方准入的操作方式及监管、对剩余能力的认定等方面还不明确、不到位，而且管道主体多元化的格局还没有形成，从2014年提出到2017年，实际开展第三方准入的案例很少。

（二）地方规划与天然气管道规划不统一引起相关矛盾

城乡规划和管道规划都属于法定规划，但属于不同的法律框架。前者属于《中华人民共和国城乡规划法》，后者属于《中华人民共和国石油天然气管道保护法》。虽然《中华人民共和国石油天然气管道保护法》明确规定管道建设规划应纳入城乡规划，但二者之间仍然存在一些矛盾。

一是城乡规划的地域性与管道规划的整体性矛盾。按我国城乡规划体制，城乡规划具有很强的地域性，特别是城市控制性详细规划和

建设规划等。城乡规划往往是地方建设的依据，因而重点考虑地方需求，但管道的连接性决定了管道的规划和建设必须符合整体性和完整性的要求。城乡规划的地域性特征与管道规划的整体性特征之间，实际上是存在矛盾的。有时候，若迁就地方行政规划，就可能影响管道建设规划的完整性和连贯性。同时地方政府在进行城乡发展规划时，往往也忽略了与管道发展规划和管道建设规划之间的协调，在管道周边领域规划建设经济开发区、兴建厂矿企业，造成了很大的安全隐患，同时后期还需要花费巨大的人力、财力改线，造成很大的资源浪费和资金浪费。

二是管道规划缺乏统一性，造成重复建设、资源浪费。由于管道发展规划欠缺体系性、全局性的考量，由此导致管道规划建设出现重复建设、建设不足、盲目建设等问题。管道的重复建设导致资源浪费，同时造成设施拥有者因资源问题无法获得饱和，运营困难，从而引发恶性竞争对天然气销售造成了一定影响。

（三）天然气储气调峰能力建设滞后

受储气库建设经验缺乏、符合建库条件的地层条件有限、价格机制不合理等多方面因素制约，我国天然气储气库建设缓慢、储气调峰能力不足。地下储气库等调峰设施能力不足，导致持续出现采暖季压减工业用户、发电用户保供民生，非采暖季需压减上游生产，保证管网系统平稳运行，影响天然气供应安全和下游用户发展。

近几年随着以乌鲁木齐、兰州为代表的西北地区和以北京为代表的华北地区"煤改气"的实施，我国冬夏季用气峰谷差逐年扩大，天然气季节调峰任务成倍增加。中国石油供应全国平均高月系数由2010年的1.20提高到2015年的1.42；高月均日与低月均日比值由2010年的1.36提高到了2015年的1.72（图2-5）。

与此同时，地下储气库等调峰设施建设明显滞后。截至2016年底，我国天然气地下储气库的有效工作气量约为76亿立方米，仅占天然气表观消费量的3.7%，远不能满足季节调峰需求。如果按照满足10%的季节调峰需求测算，调峰缺口在130亿立方米左右，导致冬季用气高峰频频出现压工业保民用、保重点的现象。而北美和欧洲大部分发达国

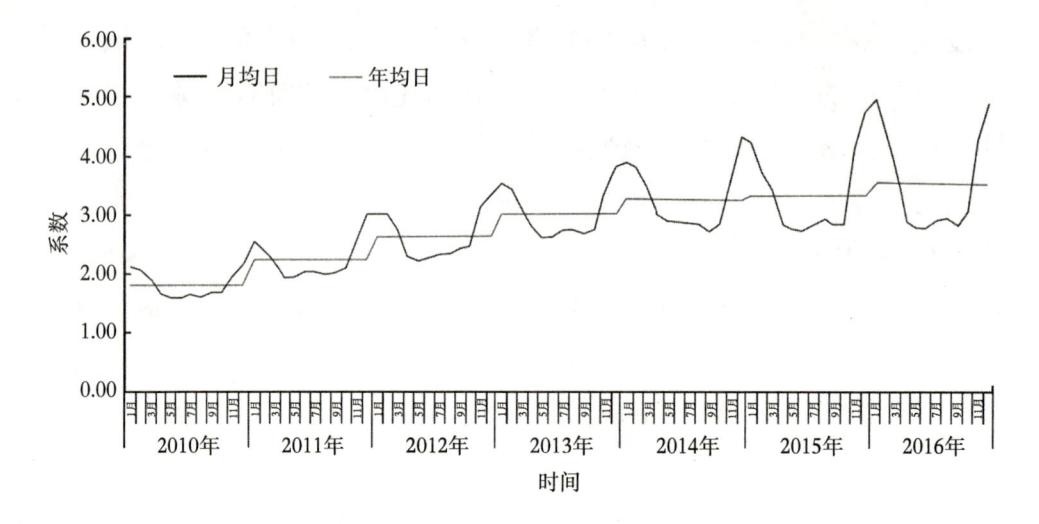

图 2-5　我国近几年天然气市场负荷需求变化趋势

家的这一数据基本在10%~15%。此外，调峰责任分工不明确，上游、下游在日调峰责任上存在分歧。《城镇燃气设计规范》规定季节调峰和日调峰的问题由上游解决，小时调峰的问题由城市燃气企业负责。而2014年4月1日起施行的《天然气基础设施建设与运营管理办法》，规定天然气销售企业和城镇天然气经营企业具体协商确定所承担的供应市场日调峰供气责任，并在天然气购销合同中予以约定。调峰责任的不明确，在一定程度上制约了调峰设施的建设。一方面，上游石油公司在规划调峰设施时大都按"季节调峰"考虑；另一方面，下游城市燃气企业则大都按解决小时调峰问题考虑设施建设。

（四）储气调峰的责任和标准不明确

在储气库规划建设方面，地方政府在建库用地和分级调峰方面责任不明确；在生产运营上，政府相关部门的责任职责不明确，如对储气设施的安保责任，在冬季保供上，地方政府和天然气销售企业、省级管网公司、城市燃气公司在冬季保供方面的责任与义务不明确。例如，国家提出由天然气销售企业负责季度和月度的调峰保供责任，明确应建立天然气储备，燃气公司负责小时调峰保供责任，对于日调峰按照销售企业和燃气公司协商确定的机制。但实际操作中，燃气公司以多种理由不承担日调峰责任，地方政府也没有对此进行严格监管，造成绝大部过度依赖上游石油公司、管道和销售企业承担调峰责任。

（五）管道用地临时征地属性制约了管道运行保护

管道建设中采用临时征地，而不是永久征地，即在管道铺设的过程中土地临时属于建设单位，而在管道投产运行后，管道所在的土地就不属于建设单位，管道仅有通行权。管道这种临时征地属性制约了管道运行保护。管道存在的优先权与土地使用权之间的权属之争的结果，往往是管道企业受制于土地使用权人，管道资产所有者无法依法禁止他人在管线中心两侧任何距离范围内的各种行为，从而大幅影响了依法维权功效的发挥。在这种情况下往往造成了管道占压等各种情况的发生；同时管道使用征地补偿标准不一，也是难以解决管道占压形成的一个重要原因。

三、天然气销售存在问题

（一）天然气销售环节的市场准入管理不完善

目前没有专门对天然气销售环节的准入资格进行管理，而由于天然气销售业务本身是贯穿于天然气行业的重要一环，对天然气上游生产、管道运输和下游利用都有极大影响，市场主体多元化、社会资本的大量涌入在一定程度上对传统城市管网、天然气储备设施、LNG接收站等形成冲击和威胁，甚至扰乱市场的有序发展、公平竞争。例如，部分地区LNG点供存在安全和冬季保供等问题，如在低价时LNG点供大量出现，而在冬季LNG现货价格较高时无法保供，整体保供压力转交管道销售企业，将可能造成较大社会问题。因此，天然气销售企业应是拥有可销售天然气资源、能够将天然气通过各种方式运到用户、具有一定社会责任并能够承担供应和调峰责任的企业，这些内容都需要通过认定和资质管理才能允许开展天然气销售业务。目前这一市场准入门槛的管理是缺失的。

（二）天然气经营企业资质多头管理、管理不明确

天然气属危化品，对于销售企业来说，天然气销售用途主要有两个，一是用于燃料，二是用于化工原料，根据《危险化学品经营管理条例》，安监局对危险化学品经营核发危化品经营许可证；根据城镇燃气管理条例，对天然气燃气经营部分进行许可经营，核发燃气经营许可证。

对于天然气经营企业，两种经营方式兼有，存在安监部门与燃气主管部门职能交叉、监管存在空白现象，在具体操作中存在政府管理界面不清晰的问题，例如对燃气批发企业是否需要办理危化品许可证，是否每省、每个区域都需要办理资质证书，还是只需总公司办理证书可适用于地区分公司适用，目前还没有明确的意见。

（三）省网统购统销或强制代输不利于天然气销售开展

当前，有部分省份的天然气供应采取统购统销模式，如陕西、浙江、福建、广西、贵州等，广东管网则存在强制代输问题。省级管网公司独家负责全省天然气长输管网的规划、建设和运营管理，从上游供气商采购天然气，加上省网管输费后，向下游用户分销。一般不允许城燃企业或大用户与上游供气商直接签订购气合同，也不允许在干线上直接开口接气，只能从省网下载、与省级管网公司签订购气协议或代输协议。

随着国家管网公平开放政策的颁布，下游城燃企业和终端用户非常期待能够就近从干线管道或从上游气田直接接气，具备条件的甚至提出自己修建支线管道。省级管网公司统购统销或强制入网代输意味着天然气供应多了一个中间环节，销售价格也会随之增高。国家发改委发布相关通知，但地方政府及省级管网公司迟迟不执行相关规定。

（四）城镇燃气特许经营和燃气经营许可的权威性规范性待强化

目前，天然气下游城镇燃气特许经营的法律依据主要是2004年建设部颁布施行的《市政公用事业特许经营管理办法》和2015年国家发改委等六部委发布的《基础设施和公用事业特许经营管理办法》。

这两部办法一方面均属于部门规章性质，法律位阶不高，和地方性法规不一致时会产生矛盾；另一方面，这两个办法虽然对城镇燃气特许经营权的取得程序、方式作了规定，但在实际执行当中，各地方政府在许多方面留有较大自主空间，出现越级授权、授权范围不清等情况。为此，下游市场因特许经营权引发的侵权纠纷不断。

例如，对LNG点供是否违反特许经营的解释没有统一标准。部分LNG点供发生在其他主体管道燃气特许经营范围之内，造成两者发生严重冲突，对此问题各地政策尚未明朗，个别地方政策规定甚至截然相反，如山东认定LNG点供合法，而湖北宣布LNG点供不合法。又如，针对用户直接在干线管道就近下载天然气，以及工业企业自行建设供气管道、自行选择供气的情况，各地的解释又存在差异，部分地区将其纳入了管道燃气特许经营权范围，阻碍了供气方向工业企业直接供气，增加了工业企业的用气成本。

此外，由于燃气经营许可管理主导权在政府相关部门，但目前许多城镇燃气公司仍未取得新的燃气经营许可，为保当地民生、维护社会稳定，销售公司按照国家发改委、国家能源局《关于实行保证民生用气责任制的通知》（发改运行〔2015〕59号）的要求，不能对其停供，承担了巨大经营风险，多次向相关部门反映，明确政府部门主体管理责任，加强对用气企业的管理，不应由供气企业承担用气企业的监管责任，进一步理清供气企业和政府主管部门之间的权责。

（五）燃气设施建设、维护费用不明确

一般情况下，燃气设施由燃气经营单位投资并负责建设。在管道燃气中，用户的燃气设施都由业主投资，除个别大型工商用户外一般均委托燃气经营单位组织建设，问题在于就用户委托燃气经营单位组织建设燃气设施而言，易遭受政府反垄断部门的调查，燃气经营单位常常被认为涉嫌滥用市场垄断地位，强迫用户将燃气设施建设工程委托建设，或被认为向用户收取的管道设施建设费偏高。

在燃气设施维护上，从《城镇燃气管理条例》相关规定及实践来看，管道燃气经营单位对市政燃气设施及居民小区内，除了业主专有部分以外的设施，承担运行、维护、抢修和更新改造的责任。单位用户的管道燃气设施的维护责任按照双方约定执行。由于没有理顺居民燃气设施维护责任承担和费用摊销机制，所以燃气经营单位进行住宅小区管道设施维护发生的维护费用没有着落，既没有列入居民气价中，又没有通过住宅专项维修资金、物业管理费、安全生产费用等方式解决。实践中通过向居民用户收取初装费进行补偿，一部分用于燃气设施建设，其他用于以后的管理维护，但初装费作为传统做法，已和现行法律法规发生冲突。考虑到天然气在大、中、小城市已基本覆盖，但今后各省规划中均提出大力发展小城镇或农村天然气利用，如全部取消初装费，成本较高，可能今后的市场推广会存在困难。

（六）天然气利用鼓励性政策有待强化

我国天然气消费水平总体偏低、价格水平总体偏高，气价竞争力较弱，"以气代煤"推广非常困难，天然气消费市场拓展受到制约，供应能力存在阶段性富余。国家对天然气利用的政策表述也曾前后多次出现反复，导致下游企业无所适从，影响天然气利用市场的发展。

以发电政策为例，2007年8月，《天然气利用政策》提出优先发展分布式热电联产、热电冷联产，限制在非重要用电负荷中心建设利用天然气发电项目，禁止在13个大型煤炭基地所在地区建设基荷燃气发电项目。2012年10月，修订版的《天然气利用政策》提出优先发展天然气分布式能源项目、天然气热电联产项目，允许在13个大型煤炭基地所在地区之外的区域建设发展天然气发电项目，仍然禁止在13个大型煤炭基地所在地区建设基荷燃气发电项目。

2013年1月，《能源发展"十二五"规划》提出有序发展天然气发电。在天然气来源可靠的东部经济发达地区，合理建设燃气蒸汽联合循环调峰电站；在电价承受能力强、热负荷需求大的中心城市，优先发展大型燃气蒸汽联合循环热电联产项目；积极推广天然气热电冷联供，支持利用煤层气发电。"十二五"期间，全国新增燃气电站装机规模3000万千瓦。

2013年9月，《大气污染防治行动计划》提出鼓励发展天然气分布式能源等高效利用项目；有序发展天然气调峰电站；原则上不再新建天然气发电项目；新增天然气应优先保障居民生活或用于替代燃煤。

2014年6月，《能源发展战略行动计划（2014—2020年）》的提法是适度发展天然气发电。在京津冀鲁、长三角、珠三角等大气污染重点防控区，有序发展天然气调峰电站；结合热负荷需求适度发展燃气—蒸汽联合循环热电联产。

2016年11月，《电力发展"十三五"规划》提出，有序发展天然气发电，大力推进分布式气电建设；2020年天然气发电装机规模1.1亿千瓦，占总装机规模的5.5%。电力行业基于气价高、上网电价高，全国电力供应较宽松等因素，不愿意留出足够的气电发展空间。

此外，利用政策的落地和执行比较困难，往往缺少配套激励政策来保障。基于雾霾治理和改善大气环境压力，天然气作为清洁能源的地位得到更加重视，尤其是北京周边的"2+26"城市大气污染治理、清洁供暖试点将推动天然气利用规模快速提升。2016年12月国家发改委印发的《天然气发展"十三五"规划》提出"大力发展天然气产业，逐步把天然气培育成为主体能源之一"；2016年12月《我国能源生产和消费革命战略》提出"我国能源发展以绿色低碳为方向，大幅提高新能源和可再生能源比重，使清洁能源基本满足未来新增能源需求，2030年天然气在能源消费总量中的占比达到15%左右"。2016年12月份《关于加快推进天然气利用的意见》的征求意见稿中，曾提出了一揽子推进天然气利用的意见和建议，涉及与煤炭、电力、交通等部门利益密切相关的大范围财政补贴和优惠政策，但受制于各方反对的声音和意见，2017年6月该意见正式发布时很多补贴性措施被取消了。采暖、工业、发电、交通等重点领域扩大天然气利用依旧面临缺乏资金扶持、现有补贴到期后的持续性问题，仅靠地方政府的配套资金煤改气项目落地很难，发电、交通行业利用天然气也是困难重重。

四、天然气价格存在的问题

（一）国家管理的天然气价格需要及时调整

当前国家对城市非居民用气实行基准价格管理，按市场净回值法确定。现行市场净回值定价方法与之前的成本加成法相比，有以下几点优点：其一，建立了天然气价格与替代能源价格（进口燃料油、LPG）动态挂钩机制；其二，根据市场上替代能源价格确定，而不是从天然气产业链的成本出发定价，从而更接近市场；其三，天然气价格根据燃料油和LPG等的热值价格确定，体现了天然气与替代能源的竞争性，一定程度上体现了天然气的市场价值。

但是，市场净回值定价仍有其局限性，具体表现为：一方面，现行定价方法采取的是与替代能源价格挂钩的方式定价，而不是根据市场供需定价。市场化定价方法应该是"气气"竞争的结果，是天然气供需关系的体现。另一方面，定价公式中，替代能源选取的是燃料油和LPG，但是天然气终端市场中天然气的替代能源包括煤炭、燃料油、LPG、电、汽柴油、石脑油等多种替代能源。定价公式中选取燃料油和LPG价格，只能代表一部分终端天然气用户的替代关系，而不能涵盖所有的天然气用户。

另外，政府依然严格管制居民用气价格，造成与非居民用气价格的差异过大。由于历史沿袭等各方面的原因，目前全国范围内仍旧执行居民用气和非居民用气"结构气价"。供气成本最高的城市居民类用气成为价格"洼地"，而供气成本较低、具有一定调峰能力的大型工业、电厂用户供气价格则偏高。以陕西省为例，居民用气的上游供气基准门站价格为1.00元/立方米，非居民用气价格为1.34元/立方米，两者相差34%；又如河北省，居民用气门站价格为1.51元/立方米，非居民用气价格为1.98元/立方米，两者相差31%。从国外经验来看，供气成本较高的民用气价格都是最高的，一般是工业用户的1.5~2倍甚至更高，体现"谁受益谁买单"的市场经济原则。居民用气关系到民生问题，较低的价格水平固然可以照顾相对贫困家庭的经济承受力，但非居民用户如工业、发电用户对气价较为敏感，如果过多背负民用气的成本，在煤炭和石油价格较低的情况下，将会转向其他替代性能源，也会出现一些企业淘汰或关停的局面，同样不利于经济稳定发展和中国产品的国际竞争力，更不利于改善环境。

燃气企业往往利用价格差和不透明的结构谋取利益。在当前定价模式下，各省普遍出现了上游—中游、中游—下游结算的用气结构比例不一致问题。即省天然气公司与气源供应商按一定的居民用气、非居民用气比例从上游购入天然气，然后按另一比例销售给一级城燃经销商，一级城燃经销商又以第三个比例销售给二级燃气经销商，每一级都试图提高居民用气比例以降低采购成本。此外，尽管国家发改委发布《关于理顺非居民用天然气价格的通知》明确界定了居民用气仅包括居民生活、学校教学和学生生活、养老福利机构用气，不包括集中供热，但不少下游城燃企业仍将部分采暖供热用气列入居民用气范围考虑，借此向上游争取较低的购气成本，从而出现居民用气比例明显偏高现象，进一步加剧气源、管输、配气各方利益纠葛、矛盾重重。

国家发改委发布《关于理顺居民门站价格的通知》(发改价格规〔2018〕794号)规定居民用气价格和非居民用气价格差在2019年6月1日后可适时并轨理顺,但在实际操作中执行存在较大难度,且由于目前国家对进口气的依赖度持续加大,上游企业天然气成本持续高升,而各省门站定价调整不及时,且与现行油价不匹配,造成上游企业购销严重倒挂。

(二)储气调峰价格政策落地困难

目前,储气库被视作管道的辅助设施,其投资、运营成本都是与管道捆绑计算,相应的储气费也纳入管输费中统一测算,在天然气价格体系中还没有单独设立"储气费"这个科目。储气库存储的天然气在高峰季节被视作普通天然气进入管网供给用户,储气成本通过在销售环节的价格上浮进行回收,由全体用户共同负担。一方面对用气平稳均衡的用户很不公平,费用分摊很不合理;另一方面部分地方政府也对上浮价格进行阻挠,以至于成本很难有效回收。例如2016年冬季,部分地区非居民用气价格上浮10%~15%,但不足以补偿调峰成本;2017年冬季部分地方政府通过"反垄断调查"的名义不允许上调价格。

随着天然气利用规模的扩大,储气调峰设施在天然气产业链中发挥日益重要的作用,储气环节没有单独定价已成为管网设施公开准入的重大阻力,第三方公开准入客观上要求天然气商品费、管输费和储气费分开定价。2016年10月,国家发改委发布《关于明确储气设施相关价格政策的通知》,储气设施单独定价、调峰气价市场化的信号已发出,储气设施单独定价的信号已发出,但缺乏储气调峰费用实施细则,储气费用不明确,建设投资及运营成本没有明确回收渠道。

近几年国内天然气供需形势多变,尤其是冬春季节供需矛盾突出,天然气供气系统安全平稳运行压力不断增大,目前尚缺少可中断用户调峰补偿机制,对天然气资源调配效率的提升存在不利影响。

(三)天然气输配环节多、输配费监管待强化

部分地区供气中间环节较多、费用不合理,造成终端利用价格过高,增加了用户负担。多个省市成立省管网,部分地市成立地市管网,用户接气往往需要中转3~4次,环节众多,中间输配费用缺乏监管,不

合理收费现象严重。从分省门站到用户手中加价费用基本都在 1.0 元/立方米以上，远高于长输管道平均 1000 千米 0.2~0.4 元/立方米水平。同时，部分地区终端用气价格与上游供气价格未形成联动机制，不能有效地实现价格传导，也在一定程度上制约了市场发展。部分城市供气链各环节价格见表 2-6。

表 2-6 部分城市供气链各环节价格列表（单位：元/立方米）

序号	省市	出厂价	长输管网管输费	门站价格	省网管输费	城市配气费	非居终端最高限价	实施时间
1	广东	1.15	1.03	2.18	0.26	1.92	4.36	2016.01
2	江西	1.15	0.81	1.96	0.35	0.84	3.15	2016.02
3	广西	1.15	0.86	2.01	0.36	1.81	4.18	2016.11
4	浙江[2]	1.15	1.02	2.17	2.19	1.21	3.40	2016.04

注 1：出厂价统一收取新疆天然气门站价格。
 2：浙江省网管输费 2.19 元/立方米为浙江省天然气公司向城市燃气企业销售非居民用气价格，向电厂供气价格为 2.22（中国石油直供半山电厂）~2.31 元/立方米。

部分省份受管道合资建设等因素影响，天然气自主干管网至下游用户门站，省级管网公司、区域管网公司等层层加收管输费，造成天然气销售价格严重偏高，不利于天然气市场开发推广。如山东省泰青威潍东（泰安—青岛—威海—潍坊—东营）支线、冀宁联络线（连接陕京二线和西气东输管线的天然气联络管线）、平泰支干线（西气东输二线）管输费为 0.04 元/立方米，泰青威管道管输费 0.27 元/立方米，淮东支线管输费 0.15 元/立方米，至用户管输费已累计叠加至 0.46 元/立方米，大幅推高了天然气价格。

2016 年 8 月国务院下发《降低实体经济企业成本工作方案》、国家发改委下发《关于加强地方天然气输配价格监管减低企业用气成本的通知》，指出地方天然气输配价格过高导致用户需求不振的"顽疾"。通知下发后，大部分省（自治区、直辖市）出台了针对各自行政辖区的管输价格调整办法，小幅或微幅下调了省内管输价格或配气价格，不合理收费有所降低，但仍然未能从制度上解决问题。国家发改委于 2016 年 10 月 12 日正式发布了《天然气管道运输价格管理办法（试行）》和《天然气管道运输定价成本监审办法（试行）》，自 2017 年 1 月 1 号起正式实施。但是两个办法并未对省级管网的管输定价提出强制性要求，仅仅建议省级价格主管部门参照干线管网的定价办法对省内管道运输价格进行管理，而各省的情况也不尽相同。2017 年 6 月，国家发改委下发《关于加强配气价格监管的指导意见》，各省如何结合自身实际制定出能有效平衡各方利益，得到供、输、用各方均认可的省内管网管输定价与监管办法需要进一步研究，更需要监管部门做大量的细致工作。

（四）地方政府干预天然气价格

目前，负责城镇燃气经营的企业性质多样，有民企、国企、国有控股企业，其中最复杂的是政府参股的大型燃气企业，如新疆燃气（集团）有限公司、陕西省天然气股份有限公司等。这些企业一方面天然气销售量大、市场份额在当地占绝对优势，另一方面有政府参股背景，在政策制定、执行等方面得到地方政府的鼎力支持。特别是在这些燃气企业同上游供气企业存在利益冲突时，本应作为裁判者的地方政府，会不自觉地站在运动员的位置，不利于营造公平公正的市场竞争环境。多数地方政府不配合推价、顺价，陕蒙地方政府甚至自行制定本省（区）门站天然气价格，包括已经实行市场化的工业用气价格。有政府支持，部分重点城市燃气用户拒不签订合同，拒绝足额支付气款。上游供气企业欠款金额居高不下，因涉及民生用气，难以采取有效的应对措施，严重影响供气企业的正常生产经营。

地方政府出于当地经济发展考虑，往往对降价的顺价措施执行得非常到位，对价格上浮则以各种理由选择性顺价、拖延顺价甚至拒绝顺价，严重损害上游供气企业的合法利益。如 2013 年 7 月国家调整天然气价格以来，新疆维吾尔自治区及乌鲁木齐市政府认为集中供热用气与居民壁挂炉用气性质相同，应执行民用气价格，至今未顺价，造成新疆燃气（集团）有限公司据此按民用气价格向公司支付集中供热气款。

在重经济增长和绩效考核背景下，地方政府倾向于进行价格干预，降低气价对经济波动的影响，造成天然气销售无法按照市场化方向，推行非居民用户用气季节性差价、辅助服务气价机制、可中断气价等峰谷价格机制，不能用市场价格机制提高天然气利用效率。

（五）天然气热值差异大，需由体积计量向能量计量调整

目前天然气计量均采用体积计量方式，随着国产气、进口气、LNG、煤制气等不同气源通过管网连通，供应格局呈现多气源化，用户接收的气体多为混合气，单以体积计量形成的价格已无法真实地反映天然气商品的质量，已经明显影响到上游、下游企业的切身利益。

目前大部分用户的计量采用超声波流量计算，其中计算地点的气体组分、气体状态、计算时间点采用的其他参数值对计算结果有或大或小的影响。很多用户反映得不到天然气气质报告，虽然多次就此问题向接气点单位提出，但管道和销售分离之后，销售公司无计量设施资产，销售公司委托管道公司向用户分输计量天然气，销售公司不直接参与与用户的计量交接，对计量器具的准确度、计量交接的合规性等都无法直接掌握和实时监管，造成用户对包括销售方在内的上游单位不满和质疑，其关键核心在于没有实施天然气按热值计价。

第三节 我国天然气行业改革方向

近几年，我国陆续发布的一些油气领域市场化改革的重大政策或决定，可以概括为体制改革、价格改革和基础设施公平开放三个方面，大的改革方向是市场化。天然气市场化进程中，改革关键点包括：一是逐步放开天然气价格管制，出厂、门站、终端的天然气价格最终将由市场定价；二是实行天然气管输与销售分离，建立新的天然气管输定价机制，推进天然气管网的"第三方准入"；三是促进天然气交易中心建设（上海、重庆或其他中心），将交易中心打造成我国乃至区域性的天然气定价中心；四是努力建立多元化、竞争的天然气供应机制，促进天然气供应侧和需求侧的竞争性。

一、国内油气勘探开发

油气田上游勘探开发改革的方向是有序放开、竞争出让、主体多元，严格转让和退出机制。

"十二五"以来，非常规资源勘探开采环节开始逐步引入三大石油

公司和延长石油集团之外的投资主体。2011年，页岩气单列为独立矿种，陆续制定了《页岩气发展规划（2011—2015年）》《页岩气开发利用补贴政策》《关于加强页岩气资源勘查开采和监督管理有关工作的通知》《页岩气产业政策》《页岩气发展规划（2016—2020年）》等，提出了页岩气开采"开放市场、有序竞争、创新机制、协调联动"的原则，鼓励各类投资主体依法进入页岩气勘查开采领域，完成了两轮矿权招标，引入了一批非国有投资主体。类似地，国家对煤层气开发也出台了一系列政策文件，如《关于加强煤层气抽采利用的若干意见》《煤层气"十二五"规划》《煤层气产业政策》《煤层气开发利用"十三五"规划》等。在煤层气、页岩气等非常规油气勘探开发有序放开的基础上，2015年常规油气勘探开发体制改革在新疆试点先行，并完成了第一轮探矿权招标。

2016年12月印发的《天然气发展"十三五"规划》保障措施部分提到：实行勘查区块竞争出让制度和更加严格的区块退出机制，公开公平地向符合条件的各类市场主体出让相关矿业权，允许油气企业之间以市场化方式进行矿业权转让，逐步形成以大型国有油气公司为主导、多种经济成分共同参与的勘查开采体系。鼓励改革试点和模式创新，持续推进新疆油气勘查开采改革试点，总结经验、完善制度并加快向全国推广。加大页岩气矿业权出让，鼓励多元化投资主体进入。总结和发展新疆、川渝、鄂尔多斯盆地等常规油气、页岩气、致密气勘探开发企业企地合作、混改、引入竞争等创新模式。支持有条件的省、自治区、直辖市开展天然气体制改革综合试点或专项试点。在资源开发和基础设施建设运营领域积极有序发展混合所有制。

2017年5月，中共中央、国务院《关于深化石油天然气体制改革的若干意见》正式出台。意见提出，完善并有序放开油气勘查开采体制，提升资源接续保障能力；实行勘查区块竞争出让制度和更加严格的区块退出机制，加强安全、环保等资质管理，在保护性开发的前提下，允许符合要求并获得资质的市场主体参与常规油气勘查开采，逐步形成以大型国有油气公司为主导、多种经济成分共同参与的勘查开采体系。根据该意见精神，今后国有企业和民营企业，均可以通过市场机制的方式，来获取探矿权和采矿权，这将激发民间资本投资热情，国内天然气产量有望快速迈上新台阶。

二、天然气进口

天然气进口管理改革的方向是鼓励进口、市场开放、多元化竞争。

国家对天然气进口的管理区别于原油和成品油，从事原油、成品油进口的企业需要具备相应的进口资格，由商务部备案并公布，属于世界贸易组织（WTO）规则中的限制进口措施。2007年之前，天然气进口管理属于WTO规则中的对自由进口货物的自动进口许可管理，即在任何情况下对申请一律予以批准签发进口许可证，任何企业都可以办理。2007年，商务部调整《自动进口许可管理货物目录》，取消了天然气等32个税目商品的自动进口许可管理，使天然气进口手续更加简便，目前任何企业不需办理任何手续即可开展天然气进口业务。

我国天然气供应存在较大缺口，现阶段国家鼓励天然气进口，给予税收优惠政策，即国家发改委核准建设的天然气管道和LNG接收站项目，均享受进口环节增值税按比例返还优惠政策（按核准规模考虑，各项目基本都签订了长贸合同），只是现货进口尚不能享受同等待遇。尽管国家对天然气进口没有明确的资质要求，也没有相关法规文件规定进出口配额和贸易权限制，但由于天然气特殊的商品属性，其运输只能是陆上管道或海上LNG，LNG到港后需要储存、气化、外输，这就要求天然气进口企业必须具备完善的配套设施，包括LNG接收站、天然气外输管道等。另外，由于国际上天然气购销通常采用中长期"照付不议"合同，买方还需要有大规模稳定的用户，这也增加了从事天然气进口业务的门槛。

2014年，国家能源局出台《关于印发油气管网设施公平开放监管办法（试行）》的通知，开始对天然气管网、LNG接收站等基础设施实行第三方公平开放，政策出台后"三桶油"之外的上海申能（集团）有限公司、太平洋油气有限公司、中国国储能源化工集团有限公司、新奥集团、北京燃气集团有限责任公司等企业相继在海外自行采购资源，利用中国石油的LNG接收站富余能力临时储存、气化或液态直销，"三桶油"之外的企业天然气进口时代开启。2017年5月,中共中央国务院《关于深化石油天然气体制改革的若干意见》八大重点改革任务中提到,完善油气进出口管理体制,提升国际国内资源利用能力和市场风险防范能力。新奥集团、新疆广汇集团、深圳燃气集团股份有限公司、上海申能(集团)有限公司、哈纳斯新能源集团、中国华电集团公司等一些实力较强的企业正在建设或谋划建设LNG接收站,"十三五"期间,多家企业共同进口LNG的局面将初步形成。随着天然气基础设施建设的不断完善、公平开放政策的推行,天然气资源进口的门槛会越来越低。

三、天然气基础设施

天然气基础设施改革的趋势是多元化投资、互联互通、公平开放和分步推进干线管道独立。

2014年2月,国家发改委《天然气基础设施建设与运营管理办法》指出:国家鼓励、支持各类资本参与投资建设纳入统一规划的天然气基础设施;天然气基础设施发展规划在编制过程中应当考虑互联互通,基础设施项目审批、核准的批复文件中应对互联互通连接方案提出明确要求;对天然气基础设施的运营业务实行独立核算,确保管道运输、储气、气化、液化、压缩等成本和收入的真实准确;运营企业应当按照规定公布提供服务的条件、获得服务的程序和剩余服务能力等信息,公平、公正地为所有用户提供服务;建立健全财务独立核算制度。

2014年2月,国家能源局在《关于印发油气管网设施公平开放监管办法(试行)》的通知中,要求油气管网设施运营企业在油气管网设施有剩余能力的情况下,应向第三方市场主体平等开放管网设施,提供输送、储存、气化、液化和压缩等服务;明确国家和地方政府是监管责任方;对管网公开准入的程序与实施办法、企业责任和公开准入条件、合同框架和执行标准提出了原则性的要求。

2016年10月,国家能源局在《关于做好油气管网设施开放相关信息公开工作的通知》中,要求油气管网设施运营企业在本企业门户网站和国家能源局及其派出监管机构指定的信息平台公开相关信息,按主动公开和依照申请公开两类,分别提出了公开内容要求。

2017年5月，中共中央、国务院《关于深化石油天然气体制改革的若干意见》八大任务中明确指出，改革油气管网运营机制，提高集约输送和公平服务能力。分步推进国有大型油气企业干线管道独立，实现管输和销售分开。完善油气管网公平接入机制，油气干线管道、省内和省际管网均向第三方主体公平开放。

四、天然气储备调峰

天然气储备调峰改革方向是鼓励投资、厘清责任、单独定价、市场化定价和第三方准入。

2014年2月，国家发改委在《天然气基础设施建设与运营管理办法》中指出，鼓励支持各类资本参与投资建设纳入统一规划的天然气基础设施、基础设施独立核算、信息公开、第三方准入等要求均适用于储气设施；在天然气运行调节和应急保障方面，明确天然气销售企业、天然气基础设施运营企业和城镇天然气经营企业三者应当共同负责，做好安全供气保障工作；天然气销售企业应当建立天然气储备，到2020年拥有不低于其年合同销售量10%的工作气量，以满足所供应市场的季节（月）调峰及发生天然气供应中断等应急状况时的用气需求；城镇天然气经营企业应当承担所供应市场的小时调峰责任，并在天然气购销合同中予以约定；县级以上地方人民政府应当建立健全燃气供应储备制度，组织编制燃气应急预案，采取综合措施提高燃气应急保障能力，至少形成不低于保障本行政区域平均3天需求量的应急储气能力。

2014年4月，国家发改委在《关于加快推进储气设施建设的指导意见》中提出，各部门单位要增强推进储气设施建设的紧迫感，高度重视储气设施建设、加大资金投入。鼓励各种所有制经济参与储气设施建设和运营，加大储气设施投资企业融资力度、拓宽融资渠道。加大储气设施用地支持力度，可以通过行政划拨、有偿出让或租赁方式取得。出台价格调节手段引导储气设施建设，推行非居民用户季节性差价、可中断气价等政策，对独立经营的储气设施按补偿成本合理收益的原则确定储气价格。

2014年11月，国务院发布的《关于创新重点领域投融资机制鼓励社会投资的指导意见》中指出,鼓励社会资本投资 LNG 接收站等基础设施建设。新奥集团、新疆广汇集团、宁夏哈纳斯新能源集团等民营企业表现强烈兴趣,其中新奥集团投资的浙江舟山 LNG 接收站现已开工建设,主体工程已经完成并投产。随着民营企业的不断加入,LNG 接收站的运营模式将呈现多元化格局。

2016 年 10 月,国家发改委发布《关于明确储气设施相关价格政策的通知》,明确储气设施单独定价、调峰气价市场化改革方向,只是具体实施细则尚需一段时间研究出台。

2016 年 12 月,国家发改委在《天然气发展"十三五"规划》中指出,围绕国内主要天然气消费区域,在已初步形成八大储气基地基础上,加大地下储气库扩容改造和新建力度,支持 LNG 储气设施建设;逐步建立以地下储气库为主,气田调峰、CNG 储备站和 LNG 储备站为辅,可中断用户调峰为补充的综合性调峰系统;建立健全由供气方、输配企业和用户各自承担调峰储备义务的多层次储备体系;新建接收站优先考虑投资主体多元化、第三方准入条件落实、承担应急调峰任务的项目。

实践证明,地下储气库是安全稳定供气的最重要手段,也是天然气工业可持续发展的重要保障之一,需要国家给予更多的政策鼓励储气调峰设施建设。尤其是对生产区与消费区分离的情况,随着市场规模扩大,平稳供气压力剧增,必须在消费区建设地下储气库,才能保障天然气市场平稳运行发展。随着天然气进口规模扩大、进口依存度加大,天然气行业的改革还需建立战略储备制度。

五、天然气价格改革

天然气价格改革的方向是"管住中间、放开两头"。推进市场化定价,放开竞争性环节价格。加强对自然垄断环节价格的监管,按照"准许成本加合理收益"原则定价,强化成本监审;充分发挥交易中心在价格发现上的功能和作用。

2013 年 11 月,中共十八届三中全会《中共中央关于全面深化改革若干重大问题的决定》中指出,要推动水、石油、天然气、电力、交通、电信等领域价格改革,放开竞争性环节价格。政府定价范围主要限定在重要公用事业、公益性服务、网络型自然垄断……注重发挥市场形成价格机制。

2014年3月，国家发改委在《天然气基础设施建设与运营管理办法》（发改委〔2014〕第8号）中指出，天然气基础设施与其他业务在财务上分离，独立核算。

2015年10月，《中共中央国务院关于推进价格机制改革的若干意见》（中发〔2015〕28号）中指出，推进水、石油、天然气、电力、交通运输等领域价格改革，放开竞争性环节价格。按照"管住中间、放开两头"的总体思路，推进电力、天然气等能源的价格改革。尽快全面理顺天然气价格，加快放开天然气气源和销售价格，建立主要由市场决定能源价格的机制。按照"准许成本加合理收益"原则，合理制定电网、天然气管网输配价格。

2016年10月，《天然气管道运输价格管理办法（试行）》和《天然气管道运输定价成本监审办法（试行）》中指出，天然气管道运输价格按照"准许成本加合理收益"原则定价，政府监管运输企业的年度准许收入，按照运输企业的年度准许收入确定管道运价率。企业根据管道运价率结合管道入口到出口的运输距离，测算并形成天然气管道运价表。明确要求管输与其他业务分离，成本独立核算，报国家发改委进行成本监审。

2016年10月，《关于明确储气设施相关价格政策的通知》（发改价格规〔2016〕2176号）中指出，储气服务价格由储气设施经营企业根据气源采购成本、储气服务成本、市场供求等情况自主确定对外销售价格。储气设施对外销售气量和价格，报国家发改委备案。

2016年11月，《关于推进化肥用气价格市场化改革的通知》（发改价格规〔2016〕2350号）中指出，全面放开化肥用气价格，由供用气双方协商定价。鼓励化肥用气进入石油天然气交易中心进行交易。

2016年11月，《关于福建省天然气门站价格政策有关事项的通知》（发改价格规〔2016〕2387号）中指出，在福建开展天然气门站价格市场化改革试点，西气东输供福建省天然气门站价格由供需双方协商确定；积极推动西气东输供福建省天然气进入石油天然气交易中心交易。

这个政策推进了居民用气价格的市场化改革。

2017年6月，国家发改委印发《关于加强配气价格监管的指导意见》（发改价格〔2017〕1171号），按照"管住中间、放开两头"的思路，加强城镇燃气配送环节价格监管，首次提出核定独立的配气价格（之前城市燃气公司不区分配气费、商品费，全部采用捆绑式销售），由地方价格主管部门负责；配气价格按照"准许成本加合理收益"原则制定，管网折旧年限不低于30年，供销差率原则不超过5%，三年内降至不超过4%，准许收益率不超过7%。

由上述天然气领域价格市场化改革的相关政策可以看出，未来我国天然气价格改革将朝着市场化目标迈进，最终目标是放开竞争性环节价格，即天然气气源价格和销售价格；竞争性环节价格由市场供需和竞争形成，政府只监管具有自然垄断性质的管道运输价格和配气价格。

（一）出厂价格及进口气销售价格

气源采购价格进一步放开管制。国产气出厂价由供气企业根据市场决定，政府不再管制，生产商自负盈亏；进口气价格由进口商自行谈判，销售价格由市场决定，政府不再监管、核定，进口商自负盈亏。

（二）管输价格和配气价格

管输和配气环节为自然垄断环节，仍然受国家、省级或市级政府管制。全国干线管输价由中央政府监管，政府监管运输企业的年度收入，锁定一定盈利水平，企业根据国家监管的年度收入水平确定运价率及分段管道费率。省内管输价格和市级管网配气价格也应参照跨省干线管网的定价及监管办法，由省级政府监管省级管网公司的年度收入水平，确定运价率；市级政府监管城市燃气公司的配气收入水平，确定配气价格。

（三）储气服务价格

国家已经放开了储气服务价格。储气服务价格由储气库运营企业根据市场情况，结合天然气采购成本、储气服务成本等因素协商定价。国家通过法律明确各环节的调峰责任。

（四）门站价格和终端价格

各级销售价格放开管制。其中，主要门站销售价格由供气企业根据市场供需决定，国家不再管制，企业自负盈亏；终端销售价格由终端销售商根据市场供需决定，企业自负盈亏。

（五）市场竞争和交易中心

建立主体多元化、有序竞争的天然气供应格局，供应侧和需求侧都充分竞争。

在石油天然气交易中心上交易的天然气，主要以现货和期货形式交易。上海石油天然气交易中心和其他区域交易中心的价格指数成为全国性乃至国际区域性标杆价格。部分中心涉及管输、储气容量等其他天然气相关产品的交易。

（六）价格监管

政府监管天然气基础设施经营企业的年度收入、成本、"第三方准入"执行等，并负责维护市场秩序、促进市场竞争、防止市场垄断、促进公平交易。

因此，未来竞争环节的价格实现市场化定价，以交易中心价格为市场标杆价格。各省市天然气市场价格参照交易中心价格指数，再加上升贴水确定（表2-7）。

表2-7 未来我国天然气定价及监管的改革目标

项目	现状	未来目标
定价方法	市场净回值法	市场化定价
价格监管	门站基准+浮动	放开管制
定价基点	门站环节	交易中心
各省门站价格	基准点价格+升贴水	基准价+升贴水

第四节 小结

一、存在问题

（一）天然气资源获取存在的问题

由于多种因素，天然气行业上游开采效率不高，需激励措施提高上游积极性；天然气生产企业承担责任大、负担重，在与地方和矿权叠合企业间的协调上处于弱势地位，生产效率不高。而国外天然气资源获取成本高，且途径单一。

（二）天然气输送、储存环节存在的问题

省级管网公司垄断和未有效实施基础设施公平开放；地方规划与天然气管道规划不统一引起相关矛盾；储气调峰的责任标准和标准不明确；民生用气保供及调峰过度依赖上游企业；管道用地临时征地属性制约了管道运行保护；天然气储气调峰能力建设滞后。

（三）天然气销售存在问题

市场准入不完善；天然气经营企业资质适用不明确；城镇燃气特许经营待强化；管道燃气特许经营与 LNG 点供、直供之间存在矛盾；省网统购统销或强制代输不利于天然气销售开展；直供用户自行建设管道适用法规不明确；燃气设施建设、维护费用不明确；天然气利用鼓励性政策有待强化。

（四）天然气价格存在问题

天然气定价机制亟待理顺；储气调峰价格政策落地困难；天然气输配环节多，输配价格监管待强化；地方政府干预天然气价格；天然气计价方式需由体积向热值调整。

二、改革方向

（一）天然气资源获取

油气田上游勘探开发改革的方向是有序放开、竞争出让、主体多元化，严格转让和退出机制。天然气进口管理改革的方向是鼓励进口、市场开放、多元化竞争。

（二）天然气基础设施

天然气基础设施（含管网、LNG 接收站、储气库）改革的趋势是多元投资、互联互通、公平开放和分步推进干线管道独立。

（三）天然气储备调峰

天然气储备调峰改革方向是鼓励投资、厘清责任、单独定价、市场化定价和第三方准入。

（四）天然气价格改革

天然气价格改革的方向是"管住中间、放开两头"。推进市场化定价，放开竞争性环节价格。加强对自然垄断环节价格的监管，按照"准许成本加合理收益"原则定价。充分发挥交易中心在价格发现上的功能和作用。

总体来看，天然气行业主要是走市场化改革的方向，大体可分为三个阶段：

（1）初期（"十三五"以前）的主要改革内容包括：①对长输管道和省内短距离管道实行新的管输定价机制，管输定价及监管方式改变；②放开直供用户价格；③放开非居民用气的价格管制，由供用气双方协商定价；④在福建省开展居民气价放开的试点，推动居民用气价格改革，实施终端环节居民阶梯气价制度；⑤对储气服务价格实行市场定价；⑥制订相关实施细则，持续推进全国天然气干线、支干线的"第三方准入"；⑦按照"准许成本加合理收益"原则核定独立的配气价格；⑧建立和发展天然气交易中心，逐步扩大交易规模，2020年交易气量占全国消费量的20%左右。

（2）发展期（2020—2035年）的改革内容包括：①推进实施省级和区市级管网的定价及价格监管；②推动省级管网和城市配气系统"第三方准入"；③进一步推进终端用户价格改革，允许用户自主选择销售商；④大部分天然气进入交易中心交易，预计2035年天然气交易中心的交易气量占全国消费量的50%以上。

（3）成熟期（2035年以后）的改革内容包括：①气源和销售价格全部放开，天然气价格由供需关系决定；②全国干线（支干线）管网、省级管网、城市配气管网向市场开放；③天然气供应侧和需求侧充分竞争；④大部分天然气在天然气交易中心交易，天然气以现货和期货的形式销售。预计交易气量将占全国天然气消费量的60%，交易中心价格指数成为全国性或全球性的标杆价格。

第三章 我国天然气行业立法现状与主要问题

第一节 天然气行业法律法规总体情况

长期以来，我国对天然气行业的监管沿用行政法规和部门规章模式（表3-1），相关法律只有《中华人民共和国矿产资源法》和《中华人民共和国石油天然气管道保护法》，前者对天然气勘探开发利用与保护、矿业权管理等方面做出了规定，后者重点在天然气管道安全、平稳运行上做了要求，缺乏一套符合行业发展和现代市场体制下的配套法律体系。

表3-1 天然气行业法律法规表

法律	《中华人民共和国矿产资源法》《中华人民共和国石油天然气管道保护法》
行政法规	《矿产资源勘查区块登记管理办法》《矿产资源开采登记管理办法》《探矿权采矿权转让管理办法》《地质勘查资质管理条例》《地质资料管理条例》《城镇燃气管理条例》《价格管理条例》《特种设施安全监管条例》《建设工程质量管理条例》《建设工程安全生产管理条例》《生产安全事故报告和调查处理条例》《消防条例》等
行政规章	《天然气基础设施建设与运营管理办法》《油气管网设施公平开放监管办法（试行）》《天然气管道运输价格管理办法（试行）》《天然气管道运输定价成本监审办法（试行）》等
规范性文件	《天然气分布式能源示范项目实施细则》《关于建立健全居民生活用气阶梯价格制度的指导意见》《关于加强配气价格监管的指导意见》《关于加快储气设施建设的指导意见》《关于深化石油天然气体制改革的若干意见》《关于发展天然气分布式能源的指导意见》等
政策	《天然气利用政策》《天然气发展"十二五"规划》《天然气发展"十三五"规划》等

第二节 天然气上游、中游、下游法律法规情况及管理体制

一、天然气行业上游法律、法规情况及管理体制

（一）天然气行业上游法律体系

与中游和下游相比，我国天然气上游市场管理政策和法律比较健全，初步形成了以《中华人民共和国矿产资源法》为核心，以国务院条例和行业主管部门规章为主要形式的天然气上游政策法律体系。

在石油天然气矿权管理方面，主要有《中华人民共和国矿产资源法》（1996）、《中华人民共和国矿产资源法实施细则》（1994）、《矿产资源勘查区块登记管理办法》《矿产资源开采登记管理办法》《探矿权采矿权转让管理办法》。在对外合作方面，主要是《对外合作开采陆上石油资源条例》和《对外合作开采海洋石油资源条例》。在税收和价格管理方面，除了《中华人民共和国企业所得税法》《中华人民共和国增值税暂行条例》等通用税法外，主要是《中华人民共和国资源税暂行条例》《矿产资源补偿费征收管理规定》《探矿权采矿权使用费和价款管理办法》及国家发改委颁布的调整天然气价格的通知。

煤层气、页岩气适用不同于常规天然气的矿权管理办法，主要是主管部门颁布的一些政策性文件，包括国务院办公厅颁布的《关于加快煤层气（煤矿瓦斯）抽采利用的若干意见（2006）》《关于进一步加快煤层气（煤矿瓦斯）抽采利用的意见》，煤炭工业部颁布的《煤层气勘探开发管理暂行规定》，国土资源部颁布的《关于加强煤炭和煤层气资源综合勘查开采管理的通知》《关于加强页岩气资源勘查开采和监督管理有关工作的通知》，国家发改委颁布的《页岩气发展规划（2011—2015）》《关于规范煤制天然气产业发展有关事项的通知》，财政部颁布的《关于出台页岩气开发利用补贴政策的通知》，国家能源局颁布的《煤层气产业政策》等。

（二）天然气行业上游管理的主要制度

1. 矿权管理

我国对常规天然气和页岩气勘查开采实行国家一级管理，对煤层气勘查开采实行统一规划、分级管理，行业准入政策有所不同。申请勘查开采常规天然气，根据《中华人民共和国矿产资源法》和《矿产资源勘查、开采登记管理办法》的规定，须提交国务院批准设立石油公司或者同意进行石油、天然气勘查、开采的批准文件及勘查单位法人资格证明，经国务院指定的机关（国家发改委、能源局）审查同意后，由国土资源部登记，才能颁发勘查许可证、采矿许可证。因此，进入常规天然气上游领域的准入门槛很高，要求"国务院批准或者同意"。页岩气勘查开采虽然同样实行国家一级管理，但根据国土资源部《关于加强页岩气勘查开采和监督管理有关工作的通知》，主要通过招标等竞争性方式出让探矿权，鼓励社会各类投资主体进入页岩气勘查开采领域。1994年，煤炭工业部颁发的《煤层气勘探开发管理暂行规定》，对煤层气开采企业没有特别的资质要求，并且提出鼓励利用外资、引进国外先进技术勘探、开发煤层气。

2. 价格管制

由于天然气行业上游垄断的市场结构，长期以来对天然气上游价格实行政府管制。2013年6月，国家发改委发布《关于调整天然气价格的通知》，主要内容是把天然气价格管理由出厂环节调整为门站环节，实行门站价格管理；把原来以"成本加成"为主的定价方法改为"市场净回值"定价方法；门站价格为政府指导价，实行上限价格管理，允许供需双方在上限价格范围内协商确定价格；政府指导价仅适用于国产陆上天然气和进口管道气，页岩气、煤层气、煤制气及液化天然气气源价格放开，由供需双方协商确定；天然气门站价格与可替代能源价格挂钩，可替代能源品种选择燃料油和液化石油气（LPG），权重分别为60%和40%；区分存量气和增量气，实行老气老办法、新气新办法，增量气门站价格不再按用途进行分类。根据国家发改委通知，2015年4月1日起，增量气和存量气实现价格并轨，执行统一基准门站价格，试点放开直供用户用气门站价格。2016年，国家发改委进一步对化肥用气价格、储气服务价格放开管制。

3. 财税制度

天然气行业上游财税政策可以分为四类：一是与天然气资源开采有关的税收和行政收费，主要有资源税、矿产资源补偿费、矿权使用费、矿权价款和矿区使用费等；二是与天然气进口有关的税收和行政收费，主要是关税和进口环节增值税，目前实行的是进口关税零税率，进口环节增值税税率11%，对"国家准许的进口天然气项目"进口环节增值税实行按比例返还；三是企业承担的一般税赋，如企业所得税、增值税等；四是国家对非常规天然气资源开采利用给予财政补贴，2016年中央财政对煤层气的补贴标准为0.3元/立方米，对页岩气的补贴标准为0.3元/立方米。

4. 对外合作

根据《中华人民共和国对外合作开采陆上石油资源条例》和《中华人民共和国对外合作开采海洋石油资源条例》，分别由中国石油、中国石化负责陆上天然气开采对外合作，由中国海油负责海上天然气开采对外合作。根据2010年12月中国商务部、发改委等四部委联合下发的通知，中国石油、中国石化、中联煤和河南煤层气公司可开展煤层气领域的对外合作。在国家能源局公布的《页岩气产业政策》中指出，鼓励从事页岩气勘探开发的企业与国外拥有先进页岩气技术的机构、企业开展技术合作或勘探开发区内的合作。

（三）天然气行业上游管理机构

我国天然气行业上游实行多部门分工协同管理，除了国家环保部、国家安全生产监督管理总局负责环境保护、生产安全等方面的技术监管外，上游管理部门主要是国家发改委、国家能源局、国土资源部、商务部、财政部、税务总局联合行业主管部门出台鼓励产业发展的一些财税政策。

国家发改委是国务院综合研究拟订经济和社会发展政策，进行总量平衡，指导总体经济体制改革的宏观调控部门，在天然气行业政策制定和行业监管方面的职能主要有：天然气行业规划、天然气运行管理、天然气价格管理、天然气体制改革、重大项目的审批等。

国家能源局在天然气行业政策制定和行业监管方面的职责主要有：起草天然气行业监督管理的法律法规送审稿和规章，制定天然气产业政策，开展天然气行业运行监督、天然气储备管理、管道设施公平开放监管、核准或审核境外天然气项目等。

国土资源部是天然气行业上游主管部门，在天然气行业政策和行业监管方面的职责主要有：受理天然气矿权申请，发放勘探和开发许可证，审查和批准许可证转让，组织承办和调处重大权属纠纷，规范和监管天然气矿权市场，监督和管理勘查、开采活动，管理天然气储量，管理地质勘查资质、地质资料、地质勘查成果；征收天然气资源收益，审批对外合作区块，监督对外合作勘查开采行为等。

商务部在天然气行业上游管理方面的职责主要是制定天然气进口政策，会同行业主管部门协调天然气进口。

二、天然气行业中游法律、法规情况及管理体制

（一）天然气行业中游法律体系

天然气行业中游市场管理分为经济监管和技术监管，经济监管包括价格监管、第三方准入等，技术监管包括环境监管和安全监管。天然气行业中游监管方面的政策和法律文件，除了2010年全国人大制定的《中华人民共和国石油天然气管道保护法》，目前主要是2014年2月国家发改委颁布的《天然气基础设施建设与运营管理办法》和国家能源局颁布的《油气管网设施公平开放监管办法（试行）》，以及国家发展改革委《天然气发展"十二五"规划》、商务部《外商投资产业指导目录》等。

《中华人民共和国石油天然气管道保护法》的立法目的是保护石油天然气管道，保障石油、天然气输送安全，主要是技术监管方面的法律规范。《天然气基础设施建设与运营管理办法》是天然气产业中游监管比较全面的法律规范，既包括天然气基础设施规划、建设和运营，也包括天然气运行调节应急保障方面的法律规范。《油气管网设施公平开放监管办法（试行）》是贯彻落实天然气基础设施公平开放要求的一份规范性文件，规定了天然气管网设施公平开放的监管机构、监管职权和监管方式。2015年修订的外商投资产业指导目录，仍然把输气管道和储

气库列为鼓励外商投资的产业，意义在于表明允许外商投资，但不涉及对天然气管道和储气库运营管理方面的规定。《天然气发展"十三五"规划》《中长期油气管网规划》提出了基础设施发展目标、保障措施，规划了一批管道、储气库等重大基础设施建设项目，是天然气行业中游发展的指导性文件。

天然气行业基础设施方面的政策主要集中在设施建设运营、第三方准入、信息公开及成本监审方面，近三年来的政策主要有：《天然气基础设施建设与运营管理办法》《油气管网设施公平开放监管办法（试行）》《城市地下管线工程档案管理办法》《燃气燃烧器具安装管理规定》《天然气分布式能源示范项目实施细则》《市政公用设施经营管理办法》《基础设施和公用事业特许经营管理办法》《燃气经营许可管理办法》《政府制定价格听证办法》《政府制定价格行为准则》《政府制定价格成本监审办法》《天然气管道运输价格管理办法（试行）》《天然气管道运输定价成本监审办法（试行）》等。其中《天然气基础设施建设与运营管理办法》《油气管网设施公平开放监管办法（试行）》约定了相关各方在管道规划建设和运营方面的责权，要求各油气管网设施运营企业向第三方开放剩余管输能力，这两个办法的出台标志着管道监管向着建立和维护公平、公正、有序的市场秩序迈进了一大步。

（二）天然气行业中游管理的主要制度

1. 投融资制度

2014年2月，国家发改委印发《天然气基础设施建设与运营管理办法》。明确鼓励、支持各类资本参与投资建设纳入统一规划的天然气基础设施。2014年4月，国家发改委出台的《关于加快推进储气设施建设的指导意见》指出，各部门单位要增强推进储气设施建设的紧迫感，高度重视储气设施建设，加大资金投入。鼓励各种所有制经济参与储气设施建设和运营，加大储气设施投资企业融资力度、拓宽融资渠道。

2. 第三方准入制度

《天然气基础设施建设与运营管理办法》从天然气基础设施规划和建设、运营和服务、运行调节和应急保障、法律责任等4个方面，明确了政府主管部门、基础设施运营企业和天然气销售企业的责任、义务和权利。其中具有指导意义的新规定包括:(1)在天然气基础设施规划和建设方面,鼓励基础设施的互联互通,指出基础设施项目审批、核准的批复文件中应对互联互通连接方案提出明确要求;(2)在天然气基础设施运营和服务方面,更加强调运营设施的独立性和公平开放性,包括要求建立健全财务独立核算制度。《天然气基础设施建设与运营管理办法》对于明确各方责任、规范服务、加强监管,培育和形成平等参与、公平竞争、有序发展的天然气市场将起重要指导作用,为天然气基础设施公平开放工作提供了方向与指导,可以视为我国在天然气基础设施公平开放方面进行立法的第一步。2014年2月,国家能源局关于印发《油气管网设施公平开放监管办法(试行)的通知》,要求油气管网设施运营企业在油气管网设施有剩余能力的情况下,应向第三方市场主体平等开放管网设施,提供输送、储存、气化、液化和压缩等服务。该通知从国家层面给出了管网设施公开准入的大方向、大思路,明确了国家和地方政府是监管责任方,对管网公开准入的程序与实施办法、企业责任和公开准入条件、合同框架和执行标准提出了原则性的要求。但是,该通知大多是原则性要求,缺乏可操作性,执行起来弹性和随意性较大,该通知印发以来公开准入的实践也并不理想。

3. 信息公开制度

《关于做好油气管网设施开放相关信息公开工作的通知》要求油气管网设施运营企业在本企业门户网站和国家能源局及其派出监管机构指定的信息平台公开相关信息,按主动公开和依申请公开两类,分别提出了公开内容要求。该通知还指出,国家能源局及派出机构将根据工作需要,对管网设施运营企业公开信息的情况进行不定期抽查,并将抽查情况向社会公布,对未按规定公开有关信息或者公开虚假信息的,应责令改正,并视情通报批评;对油气管网设施运营企业未按规定公开信息的情况,有关主体可向当地所属监管机构报告,当地所属监管机构根据报告情况开展监管工作。

4. 价格及成本监审制度

《天然气基础设施建设与运营管理办法》规定天然气可实行居民用

气阶梯价格、季节性差价、可中断气价等差别性价格政策。《关于加快推进储气设施建设的指导意见》提出，出台价格调节手段引导储气设施建设，推行非居民用户季节性差价、可中断气价等政策，对独立经营的储气设施按补偿成本合理收益的原则确定储气价格。管网设施成本监审方面，国家发改委于 2016 年 10 月印发的《天然气管道运输定价成本监审办法（试行）》提出了具体要求，对定价成本的构成与归集、定价成本的核定等提出了统一性要求，大幅提高了定价的科学性、合理性，使得未来干线管道管输价格更加公平，监审更加有章可循，为第三方准入和市场化改革奠定了良好的基础。

（三）天然气行业中游管理机构

在天然气行业上游、中游一体化经营模式下，石油公司建设管道等基础设施运输、销售本公司生产的天然气，不存在管道企业和管道用户之间的利益冲突，经济监管需求较低，因此没有专门的监管机构。在天然气行业监管方面，我国实行的是政监合一、多头管理。国家发改委、国家能源局和省、自治区、直辖市人民政府天然气主管部门是天然气行业中游主管部门，同时负责天然气行业中游经济监管。技术监管由中央和地方人民政府土地、质量监督、环境保护、安全生产监督等专业管理部门负责。

国家发改委、国家能源局负责制定全国天然气基础设施发展规划，省、自治区、直辖市人民政府天然气主管部门依据全国规划编制本行政区的天然气基础设施发展规划，并抄报国家发改委和国家能源局。编制规划部门负责天然气基础设施建设的审批、核准或者备案，省、自治区、直辖市人民政府审批或者核准的天然气基础设施项目的批复文件，应当报国家发改委。自然垄断的天然气基础设施服务实行政府定价，国家发改委和省、自治区、直辖市物价管理部门负责制定天然气基础设施服务价格。国家能源局及其派出机构负责天然气管网等设施公平开放监管工作。

三、天然气行业下游市场管理体制

（一）天然气行业下游法律体系

在促进天然气利用方面的政策主要是规范、引导和鼓励利用，优化消费结构，提高资源利用效率，做好供需平衡，实现天然气产业链上游、中游、下游协调发展和稳定供应。

2007年，面对全国天然气供求矛盾非常紧张的局面，国家发改委印发《天然气利用政策的通知》（发改能源〔2007〕2155号）。首次提出将天然气利用顺序划分为优先类、允许类和限制类和禁止类，旨在缓解当时供需紧张矛盾、优化使用结构、遏制不合理消费。2012年，天然气供需矛盾有所缓和，国家发改委对《天然气利用政策》进行了修订（国家发改委第15号令），将天然气利用顺序作了局部调整，优先类用气领域由4项扩大为12项，政策修订旨在鼓励引导天然气利用。

2013年9月10日，国务院颁布《关于印发大气污染防治行动计划的通知》，要求加快推进集中供热、"煤改气""煤改电"工程建设，到2017年，除必要保留的以外，地级及以上城市建成区基本淘汰10蒸吨及以下的燃煤锅炉，禁止新建20蒸吨以下的燃煤锅炉；其他地区原则上不再新建10蒸吨以下的燃煤锅炉。京津冀区域城市建成区、长三角城市群、珠三角区域到2017年基本完成燃煤锅炉、工业窑炉、自备燃煤电站的天然气替代改造任务。

2014年6月，国务院办公厅发布《能源发展战略行动计划（2014—2020年）》，提出大力发展天然气，提高天然气在能源消费中的占比，将发展天然气等清洁低碳能源作为调整能源结构的主攻方向，2020年天然气在一次能源消费中的比例达到10%以上。

2016年12月，国家发改委印发《能源发展"十三五规划"》，提出到2020年天然气消费比例力争达到10%；以民用、发电、交通和工业等领域为着力点，实施天然气消费提升行动；以京津冀及周边地区、长三角、珠三角、东北地区为重点，推进重点城市"煤改气"工程；加快建设天然气分布式能源项目和天然气调峰电站，2020年气电装机规划达到1.1亿千瓦。

2016年12月，国家发改委、国家能源局印发《能源生产和消费革命战略》，提出到2030年天然气消费占比达到15%左右，新增能源需求主要依靠清洁能源满足。

2017年1月，国家发改委印发《天然气发展"十三五"规划》，提出以提高天然气在一次能源结构中的比例为发展目标，大力发展天然气产业，逐步把天然气培育成主体能力之一，构建结构合理、供需协调、安全可靠的现代天然气产业体系。

2017年6月，国家发改委、国家能源局等13个部委联合印发《关于加快推进天然气利用的意见》。该意见给出了推进天然气利用的四大重点任务，包括实施城镇燃气工程、实施燃气发电工程、实施工业燃料升级工程、实施交通燃料升级工程，提出了一揽子推进天然气利用的政策保障和加强资源供应保障的意见。

天然气行业下游监管包括技术监管和经济监管，技术监管是关于产品质量、工程建设标准、安全生产方面的监管，经济监管是关于行业准入、天然气销售价格、用气领域和供气责任方面的监管。通常，在一份政策或法律文件中，既有技术监管的内容，又有经济监管的规定。2010年颁布的《城镇燃气管理条例》就是一部综合性行政法规，其内容既包括城镇燃气发展规划和应急保障、城镇燃气经营和服务等经济管理内容，又包括燃气使用、燃气设施保护、燃气安全事故预防与处理等技术管理规定。

2015年4月，国务院通过《基础设施和公用事业特许经营管理办法》，并由国家发改委等六部委联合发布。其规定政府采用竞争方式依法授权境内外法人或其他组织，通过协议明确权力、义务和风险分担，约定其在一定期限和范围内投资建设运营基础设施和公用事业并获得收益，提供公共产品或公共服务。

天然气行业下游监管方面的专门政策和法律主要是国家发改委颁布的天然气利用政策和价格管理方面的文件，住房城乡建设部颁发的《全国城镇燃气发展规划》，以及国务院2010年颁布的《城镇燃气管理条例》。除此之外，《中华人民共和国合同法》《中华人民共和国突发事件应对法》《中华人民共和国产品质量法》《中华人民共和国价格法》《中华人民共和国消防法》《中华人民共和国安全生产法》《中华人民共和国计量法》《特种设备安全监察条例》《危险化学品安全管理条例》《房屋建筑和市政基础设施工程竣工验收备案管理办法》等综合性法律法规也适用于天然气行业下游管理。

（二）天然气行业下游管理的主要制度

1. 特许经营制度

为了贯彻党的"十六大"关于"推进垄断行业改革、积极引入竞争机制"的改革要求，2002年12月，建设部印发了《关于加快市政公用行业市场化进程的意见》，提出鼓励社会资金、外国资本采取独资、合资、合作等多种形式，参与市政公用设施的建设，对供水、供气、供热、污水处理、垃圾处理等经营性市政公用设施的建设，向社会招标选择投资主体，允许跨地区、跨行业参与市政公用企业经营，由政府授权特许经营。2004年，建设部《市政公用事业特许经营管理办法》明确规定，市政公用事业特许经营是指政府按照有关法律、法规规定，通过市场竞争机制选择市政公用事业投资者或者经营者，明确其在一定期限和范围内经营某项市政公用事业产品或者提供某项服务的制度。在制度设计上，特许经营制度是针对特定经营项目"选优"，即通过招投标程序选择最具优势的企业授予特许经营权。

根据《市政公用事业特许经营管理办法》，参与特许经营权竞标者应当具备以下条件：（1）依法注册的企业法人；（2）有相应的注册资本金和设施、设备；（3）有良好的银行资信、财务状况及相应的偿债能力；（4）有相应的从业经历和良好的业绩；（5）有相应数量的技术、财务、经营等关键岗位人员；（6）有切实可行的经营方案；（7）地方性法规、规章规定的其他条件。政府主管部门经市（县）级人民政府批准，与中标者（获得特许经营权的企业）签订特许经营协议，内容包括特许经营内容、区域、范围及有效期限，产品和服务标准，价格和收费的确定方法、标准及调整程序，设施的权属与处置，设施维护和更新改造，安全管理，履约担保，特许经营权的终止和变更，违约责任，争议解决方式等。特许经营期限根据行业特点、规模、经营方式等因素确定，最长不超过30年。

2. 燃气经营许可

2004年7月，《中华人民共和国行政许可法》施行后，原有的城市燃气企业资质管理制度被取消，大多数省、自治区、直辖市分别制定、修订地方法规、规章，建立了燃气经营许可制度。2010年《城镇燃气管理条例》第15条规定，国家对燃气经营实行许可证制度，从事燃气经营活动的企业，应当具备下列条件：(1)符合燃气发展规划要求；(2)有符合国家标准的燃气气源和燃气设施；(3)有固定的经营场所、完善的安全管理制度和健全的经营方案；(4)企业的主要负责人、安全生产管理人员及运行、维护和抢修人员经专业培训并考核合格；(5)法律、法规规定的其他条件。符合上述规定条件的，由县级以上地方人民政府燃气管理部门核发燃气经营许可证。从该条规定的内容来看，燃气经营许可证的授予标准是"合格"（符合条件），凡是符合规定条件的都应被授予经营许可证。

3. 天然气利用

根据近年来中国天然气供需形势和市场的发展变化，国家发改委于2007年、2012年发布了《天然气利用政策》，规定了天然气利用的领域和顺序，提出相关保障措施及有关规定。2017年，发布了《加快推进天然气利用的意见》加快推进天然气利用，提高天然气在我国一次能源消费结构中的比例（表3-2）。

表3-2 天然气利用政策变化表

	2007年《天然气利用政策》	2012年《天然气利用政策》	2017年《加快推进天然气利用的意见》
政策背景	国内天然气资源量不足、天然气供不应求、供需矛盾极为突出	我国天然气供给基本形成了"西气东输、海气登陆、就近外供"的供应格局，供应方式也呈多气源、多路径、网络化供应，资源紧张局面已经缓解	中俄、中缅、中亚天然气管道稳定供气，全球LNG供应宽松，天然气由卖方市场进入买方市场，全球LNG市场过剩
政策目标	缓解天然气供需矛盾、优化天然气使用结构和促进节能减排	优化能源结构，发展低碳经济，提高人民生活质量，提高天然气在一次能源消费结构中的比例、提高利用效率	发展低碳经济，提高节能减排效率，改善空气质量，雾霾得到初步遏制。提高人民生活品质
天然气范围	无明确界定（不含地下储气库注采气）	国产天然气、页岩气、煤层气（煤矿瓦斯）、煤制气、进口管道气和液化天然气（LNG）等	同2012年
天然气利用领域和用气项目	城市燃气、工业燃料、天然气发电、天然气化工	增加了"其他用户"类，涵盖天然气分布式能源、天然气船舶、煤层气发电、天然气热电联产	同2012年

续表

		2007年《天然气利用政策》	2012年《天然气利用政策》	2017年《加快推进天然气利用的意见》
天然气利用顺序	优先类	城市燃气（城镇居民、公福、天然气汽车、热电联产和热电冷联产）	城市燃气（城镇居民、公福、天然气汽车、集中式采暖和燃气空调）；工业燃料（建材、机电、轻纺、石化、冶金、制氢等）；增加了5类其他用户（分布式能源、燃气船舶、天然气应急和调峰储存设施、煤层气发电、热电联产）	城市燃气（城镇居民、天然气下乡试点、燃气空调、分户式采暖和天然气分布式能源）；交通燃料升级（天然气车船发展、加气（注）站建设）；天然气发电（分布式能源、调峰电站、热电联产）；工业燃料升级（20蒸吨及以下燃煤燃油工业锅炉、窑炉的天然气替代；新建和改建天然气集中供热设施，支持用户对管道气、CNG、LNG气源做市场化选择）
	允许类	城市燃气（集中式和分户式采暖，中央空调）；工业燃料（建材、机电、轻纺、石化、冶金）；天然气发电（重要用电负荷中心且天然气供应充足的地区）；天然气化工（制氢，氮肥）	城市燃气（分户式采暖）；工业燃料（建材、机电、轻纺、石化、冶金）；天然气发电（范围扩大，只不包括13个大型煤炭基地基荷燃气发电）；天然气化工（制氢）	
	限制类	天然气发电（非重要用电负荷中心）；天然气化工（合成氨、乙炔、氯甲烷等小宗碳一化工项目）	天然气化工（合成氨、乙炔、氯甲烷等小宗碳一化工项目，氮肥项目）	
	禁止类	天然气发电（陕、蒙、晋、皖等13个大型煤炭基地所在地区建设基荷燃气发电项目）；天然气化工（甲醇）	天然气发电[陕、蒙、晋、皖等13个大型煤炭基地所在地区建设基荷燃气发电项目(煤层气发电项目除外)]；天然气化工（甲醇）	

注：CNG——压缩天然气；
LNG——液化天然气。

（三）天然气行业下游管理机构

天然气行业下游既有上游企业直供用户，也有通过城市配送管网供气的居民和商业用户、小工业用户、分布式发电用户、交通运输用气等。对于用气量较大的直供用户，如发电用气、工业燃料、化工用气等，政府经济监管的内容主要是供气价格和天然气利用领域。目前，国家发改委是天然气价格和天然气利用政策的发布者。国家住建部拟订市政公用事业的发展战略、中长期规划、改革措施、规章，指导城市燃气、热力等工作，规范、发放燃气经营许可。

对于通过城市配送管网供气的用户，政府经济监管的主要内容是行业规划、燃气行业准入、项目授予、价格管理、应急保障等，监管对象主要是燃气经营企业。根据城镇燃气管理条例的规定，国务院建设主管部门负责全国燃气管理工作，县级以上地方人民政府燃气管理部门负责本行政区域内的燃气管理工作，县级以上地方人民政府价格主管部门确定和调整管道燃气销售价格，安监、质检、消防等其他部门根据有关法律法规的规定，负责专业技术监管。

四、存在的突出问题

从前述的法律规范现状可以看出，我国现行天然气法律体系以国务院行政法规、部门规章和地方性法规、规章为主，缺少天然气基础性法律来系统阐述国家对重点领域和关键环节发展的重大方针和政府管制的基本原则，现行法律规范效力低、体系化不足，且存在很多空白。天然气生产运行中遇到的问题大多依赖行政文件，而行政文件往往缺乏透明度和稳定性，执法的弹性和随意性较在大，并且更多情况下只是为了解决短期矛盾和问题。

（一）缺乏天然气领域的基础性大法

天然气在我国一次能源消费中的占比已超过6%，2020年将达到10%，正在逐步成为城镇居民生活和工业生产的基础性能源。目前，我国天然气行业法律规范中，缺乏一个基本的天然气领域的基础性大法，导致天然气领域综合性、全局性、战略性问题长期依靠各部门间的行政协调，缺乏法律层面的有效调整；已有的法律法规之间缺少统领和协调，存在彼此重叠、表述不统一互相牵制的情况，操作性和执行效率受到制约。这一基础性法律的缺失，导致行业发展缺少了最基础的法律保障。

1.产业链缺少协同发展

天然气行业上游的勘探与开发、中游的管输系统及配套基础设施、下游的城市管网输配系统和供气设施建设，都是天然气产业链不可缺少的环节，相互之间具有高度的关联性。相关利益主体包括国家、开采企业、资源地政府、运输企业、城市配送企业、天然气用户、资源利用地政府，这些本该属于利益共同体的各方，在基础性法律缺失的情况下，各方片面追求单方利益，以致乱象丛生。例如资源地政府希望有更多的权限和税收，希望以更低的价格留下更多的资源；以央企为核心的资源开采企业因资源税、增值税等大部分上缴中央财政，资源地政府获取利益有限，面临地方政府的种种制约，勘探与开采阻力重重，影响了天然气产能建设。又如在价格方面，长期以来井口价格或各省门站价格均由国家发改委确定，但历次上游价格调整都无法顺利传导至终端用户，省市级管输和配气费长期居高不下，终端用户享受不到应有利益。再者，国家关于储气调峰责任不明确，《天然气基础设施建设与运营管理办法》明确天然气销售企业应建立储备以满足季节调峰和应急责任，城镇天然气经营企业应当承担小时调峰责任，日调峰责任由双方协调确定；而《城市燃气设计规范》（GB 50028—2006）中 6.1.4 条规定，城镇燃气逐月、逐日用气不均匀性的平衡由气源方统筹调度解决，从而影响了储气库投资的积极性，一定程度上导致冬季高峰气荒频现等。

2. 部分领域存在法律空白

特别是天然气行业中游、下游规范管输和配气行为的法律严重缺失，管道建设、市场准入、管输定价等方面都没有相应的法律（只有法规和部门规章），由此导致盲目建设、地方市场割据、局部地区恶性竞争、输配气价格居高不下等现象频繁出现。

3. 行业监管机制不够完善

首先，天然气行业管理长期沿用传统呈现多头管理的态势，没有形成完整的行业监管框架。目前参与天然气管理的政府部门有 10 余个，管理职能存在分散、交叉、重叠和缺失问题，没有一个基本的监管主体，对部分领域监管缺位。其次是上游、下游的监管力度不一，对上游实质上限制准入，对中游、下游监管不到位；再次政策制定机构和监管机构高度重合，监管机构缺乏独立性。

（二）自然垄断环节监管没有法律支撑

2014 年 2 月，《油气管网设施公平开放监管办法（试行）》和《天然气基础设施建设与运行管理办法》相继发布，对天然气管网等基础设施第三方准入的程序与实施办法、企业责任和准入条件、合同框架和执行标准提出了原则性要求。但上述办法中大多是原则性要求，执行起来弹性和随意性较大，在管输和销售捆绑式供应模式下，很难做到公开公平准入，几年来的实践也表明仅有个别管道和 LNG 接收站进行了开放。天然气商品的特殊性，决定了其生产、进口或消费主体需要通过主干管网、支线管网、LNG 接收站等基础设施将天然气输送到终端用户，基础设施不对第三方公平开放，便会产生"中梗阻"，其他资源供应商即使有气也不能输送给下游用户，实质上是阻止了现有主体之外的其他资源供应企业进入市场，固化了天然气供应的垄断局面，原因主要有三个。

（1）管网设施企业上游、中游、下游一体化控股经营。天然气管网、LNG 接收站等基础设施具有一定自然垄断性，一体化控股经营企业从自身产业链整体考虑，不对外开放阻止其他主体进入，可借此保持市场垄断地位，享受相对垄断带来的好处。

（2）公开准入相关法规层级不高、执行弹性大。从欧美国家的成熟经验看，天然气管输业务的公平开放都是在国家大法、行业性法律法规和规范下执行的，我国没有天然气法或其他相关性法律，管网公开准入都是以通知、办法、意见的形式下发，法律的层级不高，执行不够严肃。同时，目前的第三方准入基于供需双方协商，在管网运能有剩余、不影响自身利益时管网企业才有动力对第三方开放。此外，管网开放准入还缺乏配套实施细则或规范，如管网剩余能力计算规则、管网容量分配机制、剩余容量信息公开、准入豁免等，从而使得信息公开成为形式，准入没有衡量标准。

（3）政策执行缺乏权威监管。目前我国天然气基础设施监管由国家能源局下属的市场监管司及各派出机构负责，各监管机构都面临职责不明晰、人员少的窘迫局面。面对仍具有相当政治地位的国企，监管机构缺乏足够大的法律授予的职权对其进行监管，因级别低、权限小、无法律依据不能对监管对象产生威慑力。

（三）储气调峰责权待强化

储气库建设滞后原因除了缺乏储气调峰定价机制外，调峰责任不明确、法律依据不足也是重要原因。目前我国天然气企业的调峰责任主要是在《天然气基础设施建设与运营管理办法》做了规定："天然气销售企业应当建设天然气储备，到 2020 年拥有不低于其年合同销售量 10%

的工作气量，以满足所供应市场的季节（月）调峰以及发生天然气供应中断等应急状况时的用气需求；城镇天然气经营企业应当承担所供应市场的小时调峰供气责任；由天然气销售企业和城镇天然气经营企业具体协商确定所承担的供应市场日调峰供气责任，并在天然气购销合同中予以约定。"从中可以看出，该规定对日调峰责任没有明确界定，此外省级天然气管网公司作为一个区域的总买（卖）方，也是天然气销售企业，应该承担什么调峰责任也不明确。调峰责任不明确，企业设施投入没有回报，势必影响调峰设施建设。鉴于储气库建设投资大、建设周期长，储气库建设需要政府给出价格和监管保障，明确商业模式，通过吸引更多投资主体进入、实施第三方准入机制来促进发展。

另一方面，随着天然气消费和进口气规模的快速增加，地缘政治冲突、自然灾害增加了天然气稳定供应的风险，建立天然气战略储备须提上日程。在石油行业普遍认为，当一国的石油对外依存度达到20%~30%时，就面临较高风险。天然气作为与石油具有同等地位的化石能源，对外依存度超过30%使得我国的经济和能源安全的不稳定因素增加。为避免重蹈过去国内铁矿石的覆辙和"俄乌斗气"导致的欧洲断气之痛，有必要提前谋划天然气储备，做好顶层设计（《中长期油气管网规划（2016—2030）》提出2025年天然气储存能力达到400亿立方米，占消费量的8%）。目前我国对天然气储备尚无具体法律明确国家、企业各方的责任，对建库投资、运营成本分担、储气价格也没有明确。2013—2014年国家出资（国家给中国石油税收返还、专款专用）建设了呼图壁、相国寺、双六、板南、苏桥、陕224共6座储气库，刚刚投入试生产，远未达到设计规模，后续所需资金投入和运营费用都有待落实。因此，我国天然气储备调峰与应急体系建设需要结合自身建库地质资源条件，油气消费特征，管网布局结构，通过立法构建责权明确、多方共担、多种方式互补的储备体系。

（四）燃气特许经营权待上升到法律层面

目前，规范天然气管道燃气特许经营的法律文件，全国性的法律文件有2004年建设部颁布施行的《市政公用事业特许经营管理办法》和2015年国家发改委、财政部、住建部等六部委发布的《基础设施和公用事业特许经营管理办法》，这两个办法还是存在一定缺陷，一方面均属于部门规章性质，法律位阶不高；另一方面，实践中的许多问题没有明确规定，存有法律空白。同时，这两个办法虽然对城镇燃气特许经营权的取得程序方式、取消和转让等作了原则性规定，但由于办法规定市（县）级人民政府市政公用事业主管部门负责本行政区域内市政公用事业特许经营的具体实施，各地方政府依据两个办法出台了一些配套的管理办法或地方性规章，在实际执行当中，对特许经营权的授予和取消留有较大的自由裁量空间。近年，天然气下游市场因特许经营权引发的纠纷不断，主要集中体现在以下四个方面。

（1）特许经营企业垄断经营配气价格居高不下。特许经营企业根据授权，在一定区域范围内独家建设和运营管道燃气，独家垄断、不允许竞争存在，使得下游工业、发电、分布式、加气站等用户必须通过获取特许经营资质的燃气企业接气，由于国家对燃气企业基本收益率长期以来都没有统一规定（2017年6月《国家发改委关于加强配气价格监管的指导意见》才提出不超过7%的准许收益率），企业的逐利天性使得一些燃气长期收取高昂的开户费、配气费获取高额利润，较大程度上成为制约市场发展的重要阻碍。

（2）管道燃气公司之间的特许经营争议。包括政府越权授予燃气特许经营权、燃气特许经营权重复授权、特许经营区域界线不清或交叉重叠、空白特许经营权历史遗留问题、政府单方收回特许经营权等方方面面的纠纷。产生上述特许经营权之争的原因有行政区域合并、重新划分、城镇化发展、上级或新任领导意志等，此外依据上述两个办法，特许经营权的授予主体是市或区（市、县）人民政策，经济开发区管委会、高新区管委会一般不能成为特许经营签约的主体，这是产生侵权现象的原因之一。

（3）上游企业大用户直供与管道燃气公司特许经营权矛盾。上游企业利用气源优势直接供应工业、发电等大用户，符合国家提倡的降低企业用气成本、推进天然气利用政策导向，但却与燃气特许经营权管理存在矛盾，一定程度上与燃气公司的利益形成冲突。

（4）LNG气化站直接供应用户侵犯管道气公司特许经营权。采用槽车运输 LNG，在用户处建气化站气化后直接给用户供气（通常称为点供），这种新兴的供气方式与管道气供气方式的碰撞已成为普遍现象。此种情况出现主要有特许经营企业气源不足、配气价格高、无力开发拓展新区域等。

凡此种种，都需要国家进一步完善特许经营制度，提高法律法规的层级，加大法律法规的约束力。

（五）定价机制和输配成本监审亟待依法完善

1. 气源和销售价格方面

目前直供工业用户价格已经放开，城市非居民用气门站价格基本放开，供需双方在各省门站基准价格上协商确定。但一方面基准门站价格没有及时调整，也不能反映出实际供求关系，另一方面部分地方政府仍常通过行政干预的手段直接影响市场化形成的价格，要求供气企业不能上调价格。另外，供气成本最高的居民用气价格仍然受国家和地方政府管制，价格的制定缺乏原则性，价格制度缺乏标尺。因此，我国现行这种政府主导和干预价格形成的方式体现了极大的随意性，需要通过更高位阶的法律规章从大的原则及方向上明确定价机制。

2. 管输价格方面

主要是省内短距离管道运输的价格机制没有明确，只是提出参照执行，但没有具体标准和强制要求，以至于在省级的执行上可能会有一定偏差，特别是如果按照"准许成本+合理收益"方式确定的管输价格大幅度低于当前管输价格时，推行的难度和阻力就很大。

3. 配气价格方面

目前都没有单独核定，天然气供应采取了捆绑式，地方政府价格主管部门直接核定各类用户的终端销售价格。由于缺乏权威性的法律法规，各地在燃气定价方法、重要指标参数的选取上差异较大，导致不同城市的燃气企业购销差价水平差距非常大。在一些地方，天然气价格水平取决于政企关系，特别是民营资本控股的燃气公司，善于处理企地关系，可以获批较高的供销价差从而获取超额垄断利润，价格听证也流于形式；也有一些地方政府迫于民生，强压着不调价，出现了燃气企业亏损情况。

2016年8月，国家发改委印发《关于加强地方天然气输配价格监管减低企业用气成本的通知》，指出了一些地方天然气输配费用过高导致用户需求不振的问题。该通知下发后，大部分省（市）、自治区出台了针对各自行政辖区的管输价格调整办法，小幅或微幅下调了省网管输价格或城市配气价格。但是，由于对如何降、降多少缺乏法律依据的支撑，各省的方案呈现五花八门的格局，这其中更主要的原因还在于成本监审制度不够完善、有关部门监管不力，需要在规章制度上解决问题。

2017年6月，国家发改委发布《关于加强配气价格监管的指导意见》，对城市燃气行业建议成本约束机制、激励机制、推进信息公开具有指导意义。但是，由于仅仅是指导性意见，法律位阶低，缺乏足够的权威性，各地的情况差异非常大，做到真实成本信息报送和公开需要各级地方政府做大量细致的工作，加大监管力度，尤其需要以法律的形式固化。

第四章 天然气行业立法建议

第一节 《天然气法》立法必要性

天然气是我国重要的战略性资源,《天然气法》作为天然气行业运营的"游戏规则",对我国天然气行业的规范发展、保障国家能源安全具有重要意义。我国天然气领域由于长期缺乏以市场化原则为基础的、完整统一的法律框架,可持续发展受到制约,因此制定专门的、单独的《天然气法》势在必行。在现代市场经济趋于法制化背景下,必须借鉴他国经验,由最高立法机关尽早制定《天然气法》,以此来规制我国能源事业蓝图的布局,引导天然气行业有序发展。

一、天然气行业本身的属性和国外经验表明需要对天然气专门立法

随着我国大气污染防治和能源结构转型的加快,天然气产业发展前景广阔。美国、英国、日本等工业化国家,以及阿根廷、罗马尼亚等经济体制转型国家在天然气立法方面已有多年实践经验,这些国家普遍走的是一条法律先行的路子。但目前我国还未对天然气专门立法。

从国外实践来看,营造良好法律环境,是天然气行业改革与发展的根本保证。我国天然气立法应引入市场机制,营造公平竞争的市

场环境，在天然气行业的产业链中，凡是能引入市场机制的环节应尽可能打破垄断，即使在自然垄断的环节，也应以现代化政府监管防止经营者滥用垄断权力。要确立现代化监管机制，把政府的政策制定职能与监管职能分离，将政府作为天然气行业国有股权代表所享有的权利与国有企业的经营权分离，建立独立、公平、透明、稳定的监管框架。

二、将天然气打造成为主体能源之一的定位需要有法律支撑

在我国能源发展绿色转型的过程中，天然气是最为重要和现实的选择，能够与可再生能源形成良性互补。

2016年12月国家发改委印发的《天然气发展"十三五"规划》中提出，"大力发展天然气产业，逐步把天然气培育成为主体能源之一。加快天然气产业发展，提高天然气在一次能源消费中的占比，是我国加快建设清洁低碳、安全高效的现代能源体系的必由之路。"针对这一定位，有必要出台《天然气法》，从法律角度规范和调整各方行为，促进天然气能够持续快速发展和深入推广使用，确保将天然气培育成为我国现代清洁能源系统的主体能源之一。

三、天然气行业深化改革需要立法先行

习近平总书记强调，"全面依法治国是中国特色社会主义的本质要求和重要保障""必须坚持厉行法治，推进科学立法、民主立法、依法立法""建设法治政府，推进依法行政"。可见，建设法治国家、法治政府、法治社会已成为我国新时期的目标任务，特别是对全面深化改革提出了需要法律作为支撑的要求。天然气是能源行业中行业结构、体制机制、运营管理等领域改革的重要产业，其涉及面广、改革变数大，必须通过立法来明确改革的总体方向和思路原则，使改革不脱离法律轨道，使改革有依据可寻。

四、通过立法解决权威性、透明性、稳定性、公正性问题

天然气行业，尤其是管道和配送领域是典型的自然垄断行业。国内铁路、民航、电力、电信等自然垄断行业均有专门的法律，以规范政

府和市场主体行为，保护公众利益。相比国内外及其他行业，我国天然气行业立法明显滞后。主要存在以下问题：一是资源相关法律法规虽相对健全，但市场相关法律法规相对缺乏，有的已与市场经济发展不相适应；二是有关天然气立法的基本原则、制度、规定分散在《中华人民共和国宪法》《中华人民共和国矿产资源法》及其他条例规章或政策性文件中，没有形成完整的法律体系；三是立法上的不足，往往需大量的政策性文件弥补，缺乏透明度，稳定性也不够，容易形成部门之间职能交叉和出现"国家利益部门化、部门利益法规化"的情况。

目前，由于我国处于经济转型期，上游的勘探开发领域、中游和下游的管道和销售领域，存在许多问题。如天然气资源所有权、管理权与经营权职责权利的划分和进一步明确各级政府的权限、政府监管体系、财税制度与分配制度、对外合作、土地使用权等，急需制定专门的法律统一规范。只依靠行政法规规章是难以奏效的。应加快天然气行业立法，营造法律环境，促进天然气勘探开发、管道建设的发展和市场开拓，少走弯路。

第二节 《天然气法》立法目的、原则

一、立法目的

《天然气法》的立法目的，是为规范市场主体的行为，保障市场各方合法权益，明确责任和义务，加强天然气基础设施建设与运营管理，建立健全统一的天然气市场，保障天然气行业的协调发展，确保天然气供应安全，促进生态文明建设。

二、立法原则

（一）市场决定与政府监管相结合原则

遵守市场经济规则和行业发展规律，发挥市场在资源配置中的决定性作用，减少政府对资源的直接配置。在适宜市场化的领域加快市场化进程，打破垄断，保障公平竞争，依据市场规则、市场价格、市场竞争实现效益最大化和效率最优化；在自然垄断的领域，建立现代化的政

府监管，营造公平、公正、公开的市场环境。同时，更好地发挥政府作用，加强基础性制度建设，维护市场秩序，保障国内天然气安全供给和市场平稳运行，提升普遍服务水平。

（二）开放共享保障能源安全原则

树立开放共享、互利共赢的理念，统筹国内、国际能源发展的两个大局，建设立足国内、面向世界的油气安全体系。积极参与全球能源治理，提升国际油气合作质量和水平，打造油气合作利益共同体和命运共同体，实现开放条件下的能源安全，构建资源品种多、资源来源多、供应渠道多的多元化安全保障体系。

（三）市场主体多元原则

充分发挥国有资本在资源开发与供应、转型升级、履行社会责任中的引领作用，增强国有经济活力、控制力、影响力和抗风险能力，做优做强，更好地服务于国家战略目标。积极稳妥发展混合所有制，支持非公有制发展，健全完善多种经济成本共同参与的油气勘查开采、进（出）口的市场体系，形成多主体参与建设、公平服务的油气管网输配格局。

（四）开发利用与资源节约、环境保护相结合原则

鼓励资源合理开发和高效利用，加强资源节约和环境保护，综合采取多种手段提升资源利用率和能效水平，走低碳清洁发展之路。积极推进和鼓励天然气利用，明确天然气利用目标、利用方向、利用优先级；加快管网设施建设，扩大管网规模和覆盖范围，更好地满足市场需求，为百姓提供便利、清洁的能源。

三、立法范围和解决的主要问题

（一）对立法范围的考虑

国内其他能源法的特点主要是通过"业务链规制＋要素管理"全覆盖的角度来立法，而且在立法时均有明确的行业主管部门，因而这些法律追求大而全的行业基本法。

针对当前天然气行业没有明确的行业主管部门，而且问题最大、改革最多的是中游和下游的情况，故建议《天然气法》只针对涉及天然气

市场交易的行为和政府监管行为进行规范，重点包括管输、市场和价格等领域，强化填补其他法律的空白和与其他法律的衔接。

（二）拟解决的主要问题及制度建议

《天然气法》拟解决的主要问题和相关制度建议见表 4-1。

表 4-1 《天然气法》拟解决的主要问题和相关制度建议

环节领域	问题	具体表现	相关制度建议
资源获取	上游企业生产动力不足	上游开采效率不高；承担社会责任重；资源获取成本高	实现资源多元化，放开和鼓励进口，保障国内资源供给，确保国内产能建设，明确天然气生产商的市场主体地位
管输储气	省级管网公司垄断和基础设施信息公开不充分	省级管网公司禁止用户直接接入大管网，采用统购统销的方式层层加价	将第三方准入纳入法律，成立独立监管机构，制定管道统一运行规则
	规划不统一	天然气管道规划与相关规划不统一引起矛盾	明确管道规划互联互通的原则
	储气设施建设进度滞后，储气调峰的责任和标准不明确	储气库建设没有积极性，进度慢；建库用地和分级调峰、安保责任、冬季保供责任上不明确	明确各方权责，鼓励通过经济手段来促进储气库建设，明确储气调峰价格市场化
	保供及调峰过度依赖上游	调峰成本基本由上游承担，调峰气价执行标准不明确	
	管道用地临时征地属性制约了管道运行保护	管道铺设的过程中土地临时属于建设单位，而在管道投产运行后，管道所在的土地使用权人的行为不受约束	明确管道企业取得通行权，明确通行权包含的权利和义务
市场利用	市场准入管理不完善	没有明确哪些主体可以进入天然气行业市场交易	对天然气市场主体进行定义，明确承担经济和市场的责任、义务及享有权利
	天然气经营企业资质多头管理、管理不明确	存在安监与燃气主管部门职能交叉、监管空白问题；如燃气批发企业是否需要办理危化品许可证，总公司办理证书是否可适用于地区分公司等问题不明确	
	城镇燃气特许经营和燃气经营许可权威性、规范性待强化	原城镇燃气特许经营权相关规章位阶不高，和地方性法规不一致时政府自由裁量权大	对特许经营权进行法律解释
	省级管网公司统购、统销或强制代输制约天然气消费	省级管网公司垄断区域天然气销售	明确管输和销售业务逐步分离
	利用鼓励性政策有待强化	政策表述常反复，政策落地和执行困难	明确清洁、高效的天然气利用方向及保障民生供应的原则，给予财税优惠政策

续表

环节领域	问题	具体表现	相关制度建议
价格领域	国家管理的天然气价格需要及时调整	市场净回值有局限性;居民用气价格和非居民用气价格没并轨,燃气企业结构不透明	明确各环节天然气价格的形成机制,加强价格监管
	储气调峰价格政策落地困难	储气调峰价格放开如何操作不明确,首次形成的价格受到地方政府质疑	
	输配环节多、输配费监管待强化	层层加价,省级管网公司的管输费定价未提出强制性要求	通过成立第三方监管机构来加强价格监管
	地方政府干预天然气价格	对天然气价格调整过多的行政干预	明确各环节天然气价格的形成机制,约束政府干预价格的行为
	热值差异大	供应格局多元化,单以体积计量形成的价格已无法真实地反映天然气商品的质量	明确鼓励推进天然气按热值计价

第三节 《天然气法》立法框架与法律制度建议

第一章 总 则

一、立法目的

表述制定天然气法的主要目的和意义。

建议:为规范天然气市场各方行为,保障合法权益,明确责任和义务,加强天然气基础设施建设与运营管理,建立健全天然气市场,保障天然气产业协调发展,确保天然气供应安全,促进生态文明建设。

二、适用范围

表述本法的适用范围。

建议:不与其他法律重叠,重点涉及天然气监管机构、基础设施、市场、价格、供应安全、法律责任等内容。

三、基本原则

表述制定本法的基本原则。

建议:市场决定、平稳运行、公平开放、绿色协调。

四、引导方向

表述国家对保障资源供应和投资行为原则。

建议：坚持气源多元化和以国产气为主导，刺激国内产能建设；鼓励各类资本投资，保护合法权益。

第二章　天然气监管机构

一、国家天然气监管机构

表述天然气监管机构的定位。

建议：对全国天然气基础设施和市场的建设与交易实行集中统一监督管理。

二、监管职责

表述天然气监管机构的主要职责。

建议：促进天然气基础设施的发展与公平开放、防止操纵市场和价格的行为、法律法规执行的监督、处罚、解决争端等。

三、监管机制

表述其他部门及组织配合天然气监管机构的监管机制。

建议：跨部门协作、吸纳公众参与、与行业协会配合的监管机制。

第三章　天然气基础设施

一、基础设施规划、建设和运营的原则

一是表述基础设施规划的原则。

建议：遵循统一规划、合理布局、因地制宜、互联互通、安全环保、节约用地和经济合理原则；跨省的统一规划，省内的由省级机构规划。

二是表述基础设施建设和运营的原则。

建议：遵循统筹规划、分级管理、明确责任、确保供应、规范服务、加强监管的原则。

二、天然气基础设施建设用地

表述基础设施建设用地的权利和义务。

建议：建设用地依法获取和承担义务，管道建设应取得通行权。

三、天然气基础设施建设与运营企业的资质管理

表述天然气基础设施建设与运营企业资质管理的原则。

建议：实行资质管理，应为在资金规模、人员配备、安保措施、社会责任等方面具备一定条件的法人企业。

四、天然气基础设施运营企业的权利与义务

表述天然气基础设施运营企业的权利与义务。

建议：提供各类产品与服务，在有剩余能力的情况下，公平、公正地提供第三方准入服务，有信息公开、保障安全平稳运行、确保气质达标等义务。

五、建立统一管道规则

表述建立天然气统一管道规则。

建议：应在气源调度、管道接入、第三方准入流程与操作、计量管理、管道平衡管理、管道运输服务分配等方面对标准和流程进行统一规范。

六、管网独立运营

表述天然气管网主干线等应分步独立的路径和原则。

建议：原则上将管道运输业务与其他业务分离，不得从事天然气经营活动，必要的平衡与应急情况除外。

第四章　天然气市场

一、天然气市场开放

表述天然气市场开放的原则。

建议：鼓励和保护各种所有制主体依法参与天然气市场交易。

二、天然气市场主体的资质管理

表述天然气市场交易与经营活动的主体和资质要求。

建议：应为在资金规模、气源配置、运输可行性、储气调峰能力、社会责任、信用等级等方面具备一定条件的法人企业，包括天然气生产企业、贸易企业、销售企业、城镇天然气经营企业、天然气用户等。

三、天然气市场主体的权利和义务

表述天然气市场主体的权利和义务。

建议：遵守天然气交易规则，严格履行合同，具备契约精神，承担

社会责任，共同维护市场秩序，天然气利用向清洁高效、保障民生的方向发展。

四、天然气市场交易范围与基本规则

表述天然气市场交易的范围与订约、守约的基本规则。

建议：天然气商品和天然气基础设施服务都可进行市场交易，基本规则是签订书面合同来确定具体权利义务，采用调解仲裁等方式来解决纠纷。

五、天然气质量监管

表述所交易的天然气应当符合天然气质量标准。

六、特许经营权

对特许经营权作法律解释。

建议：原则上特许经营期限不超过30年，特许经营范围为"红线"外的城镇燃气公用设施部分。

第五章 价格监管

一、天然气价格市场化方向

表述天然气价格市场化改革的总体目标和方向。

建议："放开两头，管住中间"，保留政府在价格异常波动时的调控权。

二、气源与销售价格

表述气源与销售价格形成机制。

建议：价格由市场形成，政府不得干预价格，可通过发起反垄断审查来管理。

三、天然气管道运输价格

表述天然气管道运输环节价格的形成机制。

建议：以"准许成本＋合理收益"为原则，推行"两部制"计价。

四、储气服务价格

表述天然气储气服务价格的形成机制。

建议：协商定价。

五、配气价格

表述城镇燃气终端配气价格的形成机制。

建议：以"准许成本＋合理收益"为原则，独立的配气价格。

六、城镇燃气终端价格

表述终端用气价格的形成机制。

建议：按合理分摊成本、价格传导的原则形成；政府对低收入群体视情况给予补贴。

七、天然气按热值计价

表述推行天然气按热值计价。

八、交易平台形成价格

表述交易平台形成价格的定位。

建议：鼓励通过天然气交易平台形成全国性或区域性的天然气交易基准价格。

第六章　天然气供应安全

一、供应安全保障责任

表述政府、企业、用户在保障供应安全上的责任。

建议：政府牵头编制预案，生产企业应加强国内生产、贸易企业应加大在供应紧张时段的资源引进、销售企业承担季节（月）和3天以上调峰责任、燃气企业承担3天以下调峰责任和小时调峰责任、用户责任在合同中约定，基础设施运营企业确保设施安全运行。

二、紧急情况下供应保障

表述在紧急情况下天然气稳定供应的保障方式。

建议：政府通过行政方式管理天然气供应。

三、天然气储备

表述建立天然气储备体系。

建议：建立战略储备与商业储备的天然气储备体系，战略储备由国家主导建设，鼓励社会资本投资。紧急情况下国家可临时调用商业储备。

第七章　法律责任

一、行政主管机关的法律责任

二、违反天然气企业的一般义务的法律责任

三、违反基础设施公平开放义务的法律责任

四、违反普遍服务义务的法律责任

五、违反信息公开和报告义务的法律责任

第八章　附　　则

一、定义

二、其他

《中华人民共和国天然气法》(建议稿)见附录。

参 考 文 献

车明，于小迪，单维平，等．2017.英国天然气产业的行业发展历程、现状与启示［J］．中外能源，（11）．

陈玉龙．2011.我国应加快天然气立法进程［J］．天然气工业，（5）．

郜婕，赵忠德，武松，等．2017.世界典型国家天然气发展历程及对中国的启示［J］．国际石油经济，（8）．

何春蕾，肖学兰．2012.中国天然气行业政策研究进展及框架构建［J］．天然气工业，（6）．

胡奥林，董清．2015.中国天然气价格改革刍议［J］．天然气工业，（4）．

胡奥林．2004.如何构建中国天然气交易市场［J］．天然气工业，（9）．

姜鑫民，田磊，刘琪，等．2017.我国非常规天然气发展战略研究［J］．中国能源，（6）．

姜子昂，何春蕾，段言志，等．2016.我国天然气价格理论体系构建的思考［J］，价格理论与实践，（7）．

李伟，陈燕，粟科华，等．2015."十三五"期间我国天然气行业发展环境分析［J］．国际石油经济，（3）．

陆家亮，赵素平．2013.中国能源消费结构调整与天然气产业发展前景［J］．天然气工业，（11）．

毛涛，杨绎．2017.论我国天然气体制改革及完善［J］．价格月刊，（7）．

潘继平，杨丽丽，王陆新，等．2017.新形势下中国天然气资源发展战略思考［J］．国际石油经济，（6）．

秦扬，李亚美．2011.我国天然气立法现状研究［J］.北京政法职业学院学报，（4）．

单卫国．2016.未来中国天然气市场发展方向［J］．国际石油经济，（2）．

沈陵．2007.国外天然气立法经验与借鉴［J］．天然气技术，（6）．

叶张煌，王安建，闫强，等．2017.全球天然气格局分析和我国的发展战略［J］．地球学报，（1）．

BP Group.2016.BP Statistical Review of world Energy 2016［R/OL］.http：//www.bp.com/content/dam/bp/en/corporate/pdf/energy-economics/statistical-review-2016/

bp-statistical-review-of-world-energy-2016-full-report.pdf.

BP Group.2017.BP Energy Outlook 2017[R/OL].http：//www.bp.com/content/dam/bp/pdf/energy-outlook-2017.pdf.

附录

《中华人民共和国天然气法》
（建议稿）

第一章 总 则

第一条 立法目的

为规范天然气市场行为，加强天然气基础设施建设与运营管理，建立健全天然气市场，保障天然气产业协调发展，确保天然气供应安全，促进生态文明建设，根据《中华人民共和国宪法》，制定本法。

[法条背景：法的立法目的条款具有宣示性、导向性和参照性，为法律的实体规则和程序规则提供价值基础。因此在对《天然气法》设计立法目的条款时，需要思考我国天然气产业发展的现实情况，对《天然气法》立法有哪些期待，以及法律需要解决哪些问题，能够解决哪些问题。第一，我国天然气市场化改革正在持续推进，因此《天然气法》立法目的条款应当充分回应正在进行的天然气市场化改革。第二，《天然气法》的立法定位是能源产业法，因此该法的直接立法目标之一即为"保障天然气产业协调发展"。第三，天然气产业发展中要面临和解决的最重要问题是天然气的供应安全问题，因此"确保天然气供应安全"应当成为《天然气法》的立法目的条款之一。第四，天然气产业发展与环境保护之间的关系也应是《天然气法》在立法过程中需要考虑的问题之一。第五，为了落实依法治国方略，应当切实做到政府行政有法可依、有法必依、执法必严、违法必究。]

第二条 适用范围

在中华人民共和国领域及其管辖海域内天然气基础设施建设与运营、天然气市场活动、价格管理、供应安全及监管活动均适用本法。

[法条背景：适用范围的确定旨在解决法律规范的约束力所及的范围问题。根据法的一般理论，法的适用范围包括法的空间效力范围和对

象效力范围。第一,《天然气法》的空间效力应遵守国际法关于管辖权的基本规定,即属地主义为主、属人主义为辅的空间效力。第二,《天然气法》的对象效力范围即《天然气法》适用的活动范围。由于《中华人民共和国矿产资源法》已对天然气产业的勘探开发行为进行了规范,故建议《天然气法》从天然气市场的视角出发,对天然气市场的相关行为进行规制,即天然气基础设施建设运营、天然气市场、天然气供应、天然气价格领域。]

第三条 基本原则

本法遵循竞争有序、公平开放、绿色协调的原则,积极培育和规范天然气市场,充分发挥市场在资源配置中的决定性作用,鼓励各种所有制主体依法从事天然气经营活动。

[法条背景:法的基本原则是指由法所确立的在其调整一定社会关系时所遵循的准则。《天然气法》的基本原则要具有概括性、普适性、时代价值性和系统性特征。第一,竞争有序原则,天然气领域市场化改革必须发挥市场在资源配置中的决定性作用,但要保障竞争的有序性。第二,公平开放和绿色协调原则的提出体现了该法的时代价值。全面贯彻党的十八大和十九大会议精神,深入落实习近平总书记系列重要讲话精神,牢固树立创新、协调、绿色、开放、共享的发展新理念。构建结构合理、供需协调、安全可靠的现代天然气产业体系,保障国家能源安全,满足人民群众需要,实现国家利益、企业利益、社会利益的有机统一,是天然气产业发展的客观要求。]

第四条 保障资源供应

国家鼓励天然气资源来源多元化,坚持立足国内,通过财税、价格等多种措施促进和保障国内天然气勘探与产能建设,持续增强天然气供应能力,确保天然气稳定安全供应。

[法条背景:在我国经济发展呈现新常态的背景下,以及能源绿色转型政策的推动下,使得我国对天然气的需求量迅速增加。同时,我国天然气资源量丰富,尤其是以页岩气为代表的非常规天然气资源位于世界前列,但受限于开发技术、进口通道建设迟缓等因素,加剧了天然气供需矛盾。故为了保障天然气供应安全,应在坚持以国内为主和多元引

进相结合的原则下，进一步推进天然气供给侧改革。]

第五条 鼓励全产业链投资

国家鼓励各类资本依法对天然气全产业链的投资，依法保护投资者的合法权益。

[法条背景：本条旨在全面实施国家能源战略，坚持社会主义市场经济改革方向，本条设计时参照了中共中央印发的《关于深化石油天然气体制改革的若干意见》中提出的"深化天然气体制改革，全面放开竞争环节，鼓励各类资本进入天然气市场，培育天然气市场主体多元化"的政策。]

第二章 天然气监管机构

第六条 国家天然气监管机构

国家天然气监管机构依法对全国天然气基础设施和市场的建设与交易实行集中统一监督管理，促进辖区天然气市场稳定健康发展，向国务院负责并报告工作。

国家天然气监管机构根据需要可以设立派出机构，受国家天然气监管机构垂直领导，按照授权履行监督管理职责。

[法条背景：我国现行监督管理体制是建立在上游、中游下游一体化垄断经营的行业结构基础之上的，正在进行的天然气市场化改革将使这一基础不复存在。在竞争市场条件下，对天然气市场行为的监管，尤其是对具有自然垄断特性的基础设施建设和运营的监管，需要有专门的监督管理机构。而目前我国监管职能分散在多个部门，这就容易出现"多头监管"的局面，故建议借鉴发达国家天然气市场的监管经验，成立相对独立的天然气监督管理机构。]

第七条 监管职责

国家天然气监管机构的主要职责是：

（一）促进天然气基础设施的发展与公平开放。具体职责范围包括负责天然气基础设施规划的经济性、合理性审查，监管天然气基础设施的建设与运营，天然气基础设施向第三方市场主体公平开放审查、基础设施独立运行的审查，依法对天然气基础设施运营企业实行资质管理等。

（二）保障天然气市场的健康发展，建立综合的天然气市场监管体系，防止操纵市场的行为。具体职责范围包括依法对天然气市场主体资质审查，监管市场主体的交易行为，监管企业和用户的信息公开行为，依法监管天然气各环节价格，对天然气企业合并或兼并行为的审查，对被授予城镇燃气特许经营权主体的经营行为的监管等；

（三）对从事天然气经营活动的企业执行天然气法律、法规的情况进行监督检查。

（四）对违法违规行为实施调查，作出行政处罚。

（五）裁决天然气经营活动争议。具体职责范围包括调查与调解企业之间、企业与消费者之间的争议，及时、公正地处理消费者投诉；受理基础设施用户资质的申请，对基础设施运营企业拒绝服务的行为进行合法性审查和合理性审查，并对当事人之间的争议予以裁决等。

（六）对天然气监管方面等特定的专业性问题提供咨询服务。

（七）国家法律、行政法规规定的其他职责。

[法条背景：政府监管对促进天然气产业健康发展具有不可替代的作用。按照天然气产业市场化改革路径，天然气产业监管的工作重点在具有自然垄断色彩的天然气基础设施运营市场，以保障整个天然气市场的健康运行，防止垄断市场的行为，保障消费者的合法权益。现代化的政府监管需要借鉴发达国家天然气市场的监管经验和我国现行法律法规及其他行业的监管制度，天然气行业监管可适用争议裁决、检查调查、行政处罚和信息公开等现代监管手段。同时，本条明确了天然气监管机构的职责，进一步推动建立健全天然气监管体系。]

第八条 跨部门协作的监管机制

国家天然气监管机构及其派出机构应当与相关政府部门建立健全信息共享机制和监管协作机制，优化监管执法环境，促进天然气市场规范运行和健康发展，协同做好天然气供应安全、风险防范和处置工作。

[法条背景：为了协调各部门之间的工作职能，避免信息不对称，形成更有效率的监管，即建立健全信息共享平台。]

第九条 公众参与的监管机制

通过信息公开、市场透明化等途径，广泛吸纳公众参与天然气市场交易行为监管，发挥社会舆论监督作用，重大事项广泛听取社会公众的意见，增强监管的民主性、科学性和透明性。

［法条背景：由于政府监管存在局限性，故需要建立健全公众参与的现代监管机制，通过自下而上的监管弥补政府监管的失灵，并保障公民的知情权。同时，现代监管强调监管过程和结果的透明、公开和公正，其实现基础则是信息的公开和透明。］

第十条 行业自律的监管机制

充分发挥行业协会的作用，在市场统计、交易流程与标准、信息公开等方面配合天然气监管机构制定行业的自律性规范。

［法条背景：在天然气监管机构的主导下，应当重视并充分发挥天然气行业协会在天然气产业发展中的自律作用。国际经验表明，在成熟的市场中，行业协会一方面承载着与政府监管部门沟通的作用，在法律允许的范围内谋求产业发展的制度空间；另一方面又能有效规范行业内的企业行为，为评估行业内的企业从事基础设施建设与运营、经营、交易等行为制定统一的标准，以实现天然气市场的规范化发展。］

第三章　天然气基础设施

第十一条 基础设施建设规划的原则

天然气基础设施发展规划应当遵循统一规划、合理布局、因地制宜、互联互通、安全环保、节约用地和经济合理的原则。

天然气基础设施发展规划应当根据国民经济和社会发展的需要制定，并纳入国民经济和社会发展计划。

［法条背景：制定此条是为了全面实施国家能源战略，综合规划天然气基础设施建设，促进天然气管网的互联互通，促进我国低碳经济的发展。天然气基础设施发展规划的具体原则沿用了《天然气基础设施建设与运营管理办法》的规定。］

第十二条 基础设施建设规划的实施

国务院能源主管部门根据国民经济和社会发展总体规划、全国主体功能区规划要求，结合全国天然气资源供应和市场需求情况，组织编制全国天然气基础设施发展规划。跨省长输管道、LNG接收站、储气库等基础设施建设,应当统一规划。在天然气基础设施发展规划编制过程中,应当充分考虑天然气基础设施之间的相互联接。

省、自治区、直辖市的人民政府天然气主管部门依据全国天然气基础设施发展规划并结合本行政区域实际情况,组织编制本行政区域天然气基础设施发展规划,并抄报国务院能源主管部门。在各行政区域天然气基础设施发展规划中,应确保基础设施之间的互联互通。

[法条背景:政府承担着提供公共产品和服务这一职能,同时天然气基础设施的建设需要综合考虑我国经济发展、全国天然气资源分布、天然气市场发展阶段等因素,因此本条从法律层面,明确了由国务院能源主管部门负责组织编制全国天然气基础设施建设总规划;省内的天然气基础设施建设规划的主管部门及其职责,以更好地促进天然气基础设施之间的互联互通。]

第十三条 基础设施建设和运营的原则

天然气基础设施建设和运营工作应当坚持统筹规划、分级管理、明确责任、规范服务、确保供应、加强监管的原则,培育形成平等参与、公平竞争、有序发展的天然气市场。

[法条背景:由于天然气基础设施建设是一项庞大的系统工程,涉及中央与各地方的具体职责,天然气基础设施的建设和运营事关我国天然气供应机制的完善,同时该环节具有自然垄断的色彩,所以本条旨在明确天然气基础设施建设和运营的基本原则。]

第十四条 天然气基础设施建设用地

天然气基础设施建设用地应依照《中华人民共和国土地管理法》《中华人民共和国物权法》等法律规定执行。

天然气基础设施建设依法取得使用权的土地,任何单位和个人不得侵占,使用权人应切实保障基础设施安全。

天然气基础设施建设应当贯彻落实保护耕地、节约用地的原则。

地方人民政府对天然气基础设施建设依法使用土地和迁移居民,应当予以支持和协助。

天然气管道建设应取得土地通行权,应当依法支付土地补偿费和安置补偿费,做好迁移居民的安置工作。

［法条背景：本条旨在协调天然气基础设施建设与土地利用之间的冲突，确保各方主体的合法权益。具体规定沿用了《天然气基础设施建设与运营管理办法》的相关规定。］

第十五条 天然气基础设施建设与运营的资质管理

天然气基础设施项目建设与运营活动，应当按照有关规定获得天然气基础设施建设资质、运营资质。

天然气基础设施运营企业应在资金规模、安保措施、社会责任、环境保护等方面具备一定条件的法人企业。未获得天然气基础设施运营资质的天然气基础设施运营企业不得开展天然气基础设施运营活动。

［法条背景：天然气基础设施是天然气产业实现市场化的基本前提。当前我国天然气基础设施的建设与运营还跟不上天然气市场发展的速度。因此，一方面需要引进社会资本参与天然气基础设施的建设与运营，另一方面又需要确保天然气基础设施建设与运营健康有序地开展。故有必要从法律层面确立准入的基本原则。具言之，天然气基础设施的建设需要投入大量资金，且投资回收期较长；在运营期内需要该行业的专业人员对管道日常运营进行管理，确保安全平稳供气和安保管理，所以需要从资金规模、安全保障、社会责任、环境保护等方面对准入主体的资质进行规范，促进天然气基础设施建设与运营的健康发展。］

第十六条 基础设施运营企业的法定义务

天然气基础设施运营企业应当按照服务种类、质量要求、时间跨度、路径约束等条件提供适应市场需要的各类产品与服务。

天然气基础设施运营企业应当在有剩余运营能力的情况下，公平、公正地向合格的用户和交易主体提供管道运输、储气、气化、液化和压缩等各类服务。

天然气基础设施运营企业必须按照法律法规的要求通过企业门户网站或国务院能源主管机构指定的信息平台等途径向社会公开有关信息。

天然气基础设施运营企业应当保障天然气基础设施安全平稳运行，确保运输的天然气符合国家天然气质量标准。

［法条背景：《关于深化石油天然气体制改革的若干意见》中提出要对天然气管网运营机制进行改革，要进一步完善天然气管网公平接入机

制。故本条明确了天然气基础设施运营企业的公平接入基本义务范围，从公平服务的种类、公平服务的范围、公平服务的方式、确保公平服务的方法及提供的产品质量等方面，细化了天然气基础设施运营企业的法定义务。本条旨在通过对天然气管网企业的法定义务进行细化和明确，进一步确保天然气管网公平接入的落实。]

第十七条 建立统一管道规则

建立天然气统一管道规则，对气源调度、管道接入、第三方准入流程与操作、计量管理、管道平衡管理、管道运输服务分配等涉及天然气管道运行的相关标准进行统一规范，促进全国天然气管道运行的一致性和科学性。

[法条背景：本条旨在促进天然气管网运营机制的完善，建立天然气管网的统一运行制度，具体包括有效处理气源的安全调度，协调实现我国大型油气企业管网与国网、省网的互联互通，具体落实第三方准入制度及第三方准入后如何实现容量分配等一系列问题。即从法律层面课以相关政府部门和天然气基础设施运营企业制定管道统一运行制度的义务，在政府部门的引导下建立健全我国统一的管网运行规则，以确保天然气基础设施安全、有效运行，推进天然气市场化改革，确保民生供气。]

第十八条 管网独立运营

天然气管道运输企业原则上应将管道运输业务与其他业务分离，不得从事天然气经营活动，必要的平衡与应急情况除外。

短期内生产、运输、销售一体化经营的企业暂不能实现业务分离的，应当实现管道运输业务财务独立核算并逐步实现独立运营。

[法条背景：天然气管网独立运营是本次天然气市场化改革的重点。为了实现天然气基础设施的独立运营，充分发挥管网的"物流作用"，减少中间环节，降低用气成本，就需要把管道运输业务独立出来，但由于管网运输需要平衡调度，所以又需要考虑应急情况下的特殊行为。同时，鉴于我国大型油气企业长期纵向一体化经营，在短时间内难以有效、彻底地实现天然气基础设施的独立运营，本条进一步建议分步实现的独立运管，即先实现财务独立核算，建立公开透明的天然气中游市场

机制，再实现天然气基础设施的独立运营，发挥规模经济效应，提高资源利用效率。本条在具体设计时结合了中共中央印发的《关于深化石油天然气体制改革的若干意见》中提出的改革天然气管网运营机制，完善天然气管网公平接入机制，提升集约输送能力和公平服务能力政策。]

第四章　天然气市场

第十九条　天然气市场开放

国家鼓励和保护各种所有制主体依法参与天然气商品及天然气基础设施服务市场交易，促进天然气市场的公平有序竞争，提高天然气供应服务质量和效率。

[法条背景：本条是对我国天然气市场的一个总括性、原则性规定，旨在从法律层面确立天然气市场的基本格局，即建立一个开放、多元、竞争、高效的天然气市场。具言之，要打破传统垄断格局，建立现代化的天然气市场，第一，应当鼓励各种资本参与到天然气市场中；同时，由于我国天然气市场尚不成熟，还存在垄断体制的痕迹，所以需要通过顶层设计，切实保护各种所有制主体的合法权益，方能调动各类资本参与天然气市场的积极性，营造产权多元化、良性竞争的发展格局。第二，在引入更多市场主体参与竞争的基础上，应当充分运用法律手段，制定健康的市场规则，保障天然气市场的公平有序竞争。第三，由于天然气供应具有公共服务的特性，以及我国天然气资源利用率较低的现实情况，在天然气市场引入竞争时，必须强调提升天然气供应的服务质量和效率。]

第二十条　天然气相关市场主体的资质管理

天然气市场交易与经营活动，应当按照有关规定获得天然气市场主体资质，应为在安全运营、平稳供气、社会责任、信用等级等方面具备一定条件的法人企业，包括天然气生产企业、贸易企业、销售企业、城镇天然气经营企业等。

未获得天然气市场主体资质的企业不得开展天然气市场交易活动。

天然气监管机构制定具体的管理办法。

[法条背景：本条是对天然气市场交易与经营活动的准入制度的原

则性规定。由于天然气供应服务具有公共服务的特性，涉及国计民生问题（如安全供气、平稳供气），所以本条特别强调从事天然气市场交易与经营活动的主体应当在安全运营、平稳供气、社会责任、信用等级规范等方面具备一定资质，以避免损害社会公共利益、国家经济安全，以及资源配置无效率等情形的出现。］

第二十一条 天然气市场主体的法定义务

天然气市场主体应遵守天然气交易规则，严格履行合同，具备契约精神，承担社会责任，共同维护正常的天然气市场秩序。天然气利用应当向清洁高效、保障民生的方向发展。

国家保护各类市场主体在天然气市场交易中的合法权利。

［法条背景：第一，我国天然气市场处于初期阶段，市场尚未发育成熟，还存在恶性竞争和不遵守市场交易等扰乱市场秩序的现象。所以亟须通过法律安排，建立天然气市场的基本交易规则，营造良好的市场环境。第二，天然气供应属于公共服务，在建立天然气市场的基本交易规则时，亦应当强调参与主体的社会责任，不能一切"唯利益论"。第三，鉴于天然气的不可再生能源商品属性，天然气的市场行为亦应遵循清洁高效、保障民生的利用方向。第四，鉴于我国天然气市场正处于从垄断状态向竞争状态的转型期，需要从法律层面保障各种市场主体的合法权利。］

第二十二条 天然气市场交易范围与基本规则

国家支持和鼓励天然气商品及天然气基础设施服务市场交易。

天然气市场主体间应当根据平等自愿、协商一致、公平公开公正的原则，签订书面合同，确定具体的权利和义务。天然气市场各方主体在天然气交易中产生纠纷的，可以通过调解、仲裁等方式解决。

［法条背景：首先，《关于深化石油天然气体制改革的若干意见》强调油气体制改革要体现能源商品属性，因此，天然气市场交易的范围，即天然气、天然气管输服务、储气调峰服务及LNG接受服务。在法律层面上，不仅让天然气回归其商品属性，还明确了天然气管输的"物流服务"商品属性、储气库的"仓储服务"商品属性及LNG接收站的"接受服务"商品属性。其次，鉴于我国天然气市场处于初期阶段，

存在市场调节机制不健全、各市场主体权利义务不明确、争议纠纷解决机制缺乏等问题，故建议借鉴西方发达天然气市场国家的经验，从法律层面引入市场化的交易方式和纠纷调解机制，通过合同保障市场主体应有的权利，推进天然气市场交易健康、有序的发展。]

第二十三条 天然气质量规范

天然气市场主体所交易的天然气应当符合国家规定的天然气质量标准。

[法条背景：目前我国天然气质量标准不统一、热值标准不规范，这将为天然气市场的建立带来障碍。因此，要建立公平、公开、公正的天然气市场，必须将天然气质量标准进行统一，具体要求各天然气市场主体包括天然气上游生产商、贸易商、燃气供应商、天然气基础设施运营商等严格履行统一的天然气行业质量标准，以促进市场的公平、公开、公正，为社会提供优质的产品和服务。]

第二十四条 特许经营权

国家鼓励、支持各类资本参与投资建设城镇燃气公用设施。

新建城市燃气公用设施应当按照国家有关规定实行特许经营制。

县级以上地方人民政府应当按照公平、公开、公正的原则，采用公开招标的方式，依法确定城市燃气公用设施的特许经营者。

获得特许经营权的企业应当按照特许经营协议，在一定期限和范围内投资、建设、运营城市燃气公用设施，提供公共服务，获得合理收益。

国家天然气监管机构及其派出机构负责对城镇燃气公用设施建设及特许经营的监督管理工作。

[法条背景：为鼓励和引导社会资本参与城镇燃气公用设施的建设和运营，提高公共服务质量和效率，保护特许经营者合法权益，保障社会公共利益和公共安全，特制定了《城镇燃气公用设施的特许经营制度》。在进行具体条文设计时，结合了2015年《基础设施和公用事业特许经营管理办法》中的相关规定，从原则、方式、内容、监管机构等方面对城镇燃气公用设施特许经营制度作出具体制度安排。同时，为了协调管理、避免"多头管理"现象的出现，且该行业专业性较强，建议由

专门的国家天然气监督管理机构对城镇燃气公用设施建设和运营进行监督管理。］

第五章　价格监管

第二十五条　天然气价格市场化方向

天然气价格市场化应当充分发挥市场在天然气资源配置中的决定性作用，遵循"放开两头，管住中间"的原则，有序放开气源和销售环节，对网络型管网输配环节实行政府监管。建立健全成本监审制度，推行成本信息公开，强化社会监督。

保留政府在价格异常波动时的调控权。

［法条背景：本条旨在从立法层面确立天然气价格改革的总方向，明确市场与政府在天然气定价中的边界。该条法律制度具体设计时结合了中共中央印发的《关于深化石油天然气体制改革的若干意见》中明确提出"深化石油天然气体制改革要坚持问题导向和市场化方向的路线，有序放开竞争性环节，同时加强输配环节等环节监管，通过市场形成价格，体现能源商品属性，保留政府在价格异常波动时的调控权"的政策。以法律为后盾顺利推进天然气价格的市场化，实现"气气"竞争格局，让终端用户享受改革红利。］

第二十六条　气源与销售价格

气源与销售价格由市场形成，政府不对价格进行干预，可通过发起反垄断审查来进行管理。

［法条背景：本条旨在推进油气产品定价机制改革政策的落实，有效释放竞争性环节市场活力，加快推进能源价格市场化，还原能源商品属性。即从法律层面上确定了天然气气源与销售价格形成的总路径；由于目前天然气市场存在恶性竞争（如恶意涨价、地方保护主义），所以需要保留政府对价格发起反垄审查的权利，以实现价格公开透明，推动"气气"竞争，提高天然气同其他可替代能源的竞争力，降低终端用户用气成本。］

第二十七条　天然气管道运输价格

天然气管道运输价格按照"准许成本加准许收益"的原则确定年度

准许总收入，形成管道运输价格。推行"两部制"计价方式。

[法条背景：本条旨在加强管输价格监管，规范管输定价行为，提高定价的科学性、合理性和透明度，促进天然气行业健康发展。同时，为了提高管网运行效率、公平分摊运输成本及结合发达国家天然气市场管输定价的先进经验，所以积极开展"两部制"计价等研究工作，待条件成熟时推出，不断提高天然气管道运输价格的科学性和合理性。]

第二十八条　储气服务价格

储气服务价格由储气设施（不含城镇区域内燃气企业自建自用的储气设施）经营企业根据储气服务成本、市场供求情况等与委托企业协商确定。

[法条背景：由于我国储气设施建设速度偏慢、调峰能力不足等矛盾日益突出。故应该鼓励投资建设储气设施，增强天然气供应保障能力。本条旨在从法律层面明确储气服务价格形成的总路径，补足储气设施、调峰的"短板"，促进天然气行业长期健康发展。在制定具体条文时结合了2016年国家发改委《关于明确储气设施相关价格政策的通知》的相关规定。

第二十九条　管道配气价格

管道配气价格按照"准许成本加准许收益"的原则确定年度准许总收入，形成独立的管道配气价格。

[法条背景：本条旨在从配气环节完善天然气产品的定价机制，降低省内管道运输和配气价格，减轻天然气使用者的负担，促进天然气行业健康发展。故从立法层面确立了配气价格形成的总路径，实现配气价格的公开透明。同时，具体条文结合了2017年6月国家发改委印发《关于加强配气价格监管的指导意见》中的相关规定。]

第三十条　城镇燃气终端价格

城镇燃气终端价格应当考虑购气成本、配气价格及其他因素，按合理分摊成本、价格传导的原则形成。政府对低收入群体视情况给予补贴。

天然气价格的具体管理办法由国务院制定。

[法条背景：由于目前存在居民用气价格与非居民用气价格"交叉

补贴"的现象，故本条旨在顺利推进天然气终端价格机制的形成，推进非居民用气价格市场化，进一步完善居民用气定价机制。同时，针对低收入人群提供适当用气价格补贴，使低收入人群同样能享受到天然气的基本公共服务。同时，为了避免本次立法的冗长，特建议由国务院价格主管部门制定具体的价格管理办法。]

第三十一条　天然气按热值计价

推行天然气按热值计价。

[法条背景：本条旨在建立统一天然气计量计价标准。建议采用国际通用的热值计价方式，以推动国产气与进口气、管道天然气和液化天然气在计量方式上早日并轨。]

第三十二条　交易平台形成价格

鼓励通过天然气交易平台形成区域性乃至全国性的天然气交易基准价格。

[法条背景：天然气交易平台是指经政府主管机关批准设立，集中发布相关交易信息与提供天然气及其附属产品交易于一体的专门平台。天然气是全球重要的大宗商品，建立交易平台是推进市场化改革、争夺天然气的国际定价话语权、提升国际影响力的重要手段和途径。具言之，引入国际通用的天然气交易平台，推动建立健全公开透明的交易方式，形成区域性乃至全国性的价格信号，加强交易价格的市场影响力，更好地落实中央关于推进供给侧结构性改革的总体要求，在保障民生、履行购销合同义务的前提下，充分发挥交易平台的作用，以市场化方式配置优化资源。]

第六章　天然气供应安全

第三十三条　供应安全保障责任

县级以上地方人民政府、天然气市场各方主体和天然气基础设施运营企业负有保障供气平稳安全的义务。

（一）县级以上地方人民政府牵头，与天然气市场各方主体共同编制天然气应急保障预案。

（二）天然气生产企业应加大国内天然气资源勘探生产力度，努力提升国产气产量。

（三）天然气贸易企业应加大在供应紧张时段的资源引进。

（四）天然气销售企业承担所供应市场的季节（月）调峰供气责任和 15 天以上的日调峰责任。

（五）城镇天然气经营企业承担所供应市场的小时调峰供气责任和 3 天的日调峰供气责任。

（六）天然气用户承担的调峰、应急等责任在合同中协商确定。

（七）天然气基础设施运营企业应确保天然气基础设施的平稳、安全运行。

［法条背景：天然气供应的稳定涉及国家安全、社会稳定和民众生活，因此需要政府牵头，实行统一指挥、统一管理、统一调度，各方市场主体全力配合，以保障天然气的供应安全。中共中央、国务院印发的《关于深化石油天然气体制改革的若干意见》中强调了应当建立健全天然气调峰政策和分级储备调峰机制。鉴于此，本条建议分别从天然气供应管理、天然气应急保障制度、各方主体供应责任三个方面确保天然气的稳定安全供应。］

第三十四条 紧急情况下的供应保障

发生天然气资源锐减或者中断、基础设施事故及自然灾害等造成天然气供应紧张状况时，天然气运行调节部门会同同级天然气主管部门采取统筹资源调配、协调天然气基础设施利用、施行有序用气等紧急处置措施，保障天然气稳定供应。省、自治区、直辖市的天然气应急处理工作应当服从国家能源主管部门的统一安排。

天然气市场各主体和天然气基础设施运营企业应当服从应急调度，承担相关义务。

［法条背景：为应对紧急情况下的天然气供应问题，需要建立应急调峰储备。具体包括一般调峰储备（指为应对可预见的天然气用量变化而建立的储备，低谷期注入高峰期释放）和一般事故应急储备（指为应对一般性突发事故造成的局部供应量减少或中断而建立的储备）。应急保障制度的建立需要主管部门统筹协调规划，各市场主体积极配合，才能防患于未然。］

第三十五条 天然气储备

按照统筹规划、政企共建、分级管理的原则,建立健全天然气储备制度,建立健全战略储备与商业储备的天然气储备体系。

战略储备由国家主导建设,鼓励社会资本投资,战略储备天然气资源在非紧急情况下禁止使用。

商业储备由企业建设,紧急情况下国家可临时调用商业储备。

[法条背景:本条旨在促进建立健全天然气储备制度。根据国际经验,天然气储备由政府主导的战略储备和企业主导的商业储备组成,采取国家主导、地方政府和企业共建的储备模式,将中央、地方和企业的责任和权利有机统一。

战略储备主要是指政府出资并控制,用于应对特大型突发事件(如战争、严重灾害、天然气大规模中断等情况)的储备。受限于政府资金不足,管理体制不成熟等因素,即引进社会资本与政府共建。同时,战略储备具有公共性、政策性、非盈利性等特点。因此在非紧急情况下禁止动用战略储备。

天然气商业储备是企业从自身利益出发,为了满足平稳调度和季节性调峰需求而采取"低吸高抛"储存气源的一种储备方式。由于天然气供应具有公共服务的特点,即在天然气供应紧张如"气荒"等紧急情况下国家可以临时调用商业储备,应对社会供应。]

第七章 法律责任

第三十六条 行政主管机关的法律责任

天然气管理有关行政机关及其工作人员违反本法规定,有下列情形之一的,由其上级行政机关或者监察机关责令改正;情节严重的,对直接负责的主管人员和其他责任人员依法给予处分:

(一)不依法编制、评估和实施天然气基础设施建设规划的;

(二)对不符合法定的天然气基础设施建设与运营主体资质予以批准的;

(三)对不符合法定的天然气市场主体资质予以批准的;

(四)不履行天然气储备管理职责的;

（五）不制订天然气应急预案的；

（六）不依法履行天然气监督检查职责的；

（七）不履行法律规定的其他义务的。

行政机关工作人员在履行天然气监督管理职责过程中，滥用职权、玩忽职守、徇私舞弊，构成犯罪的，依法追究刑事责任。

［法条背景：根据责任行政原则，国家行政机关必须对自己所实施的行政活动承担责任，对其所实施的整个行政活动负责，不允许行政机关只实施行政行为，而不对自己的行为承担法律责任。责任行政原则是行政法首要的基本原则，它是实现行政法治的必要条件，也是行政法治的具体体现，行政主管机关及其工作人员违反本条的规定，需要承担相应的法律责任，保障法治秩序的有效建立。］

第三十七条 违反天然气企业的一般义务的法律责任

企业有下列情形之一的，由国家天然气监管机构及其派出机构责令改正，没收违法所得，并处违法所得一倍以上五倍以下罚款；没有违法所得或者违法所得不足五十万元的，处五十万元以上二百万元以下罚款；构成犯罪的，依法追究刑事责任：

（一）违反本法规定，未取得天然气基础设施运营资格，擅自从事天然气管道运输的；

（二）违反本法规定，未取得天然气市场经营与交易资格而擅自从事天然气市场活动的。

［法条背景：天然气基础设施运营及经营行为、市场交易，不仅事关天然气市场化改革成果，还涉及安全生产、国计民生及环境保护等问题。企业非法运营，不仅会产生极大的安全风险，容易引发重大安全事故，危害人民的生命健康及财产权；还可能扰乱天然气商品市场的正常秩序。因此有必要通过法律责任的设计，预防相关违法行为的发生。］

第三十八条 违反基础设施公平开放义务的法律责任

天然气基础设施运营企业违反本法规定，怠于或拒绝履行公平开放义务的，由国家天然气监管机构及其派出机构责令改正，并按日处当事人经济损失额二倍以上五倍以下罚款；构成犯罪的，依法追究刑事责任。

［法条背景：由于天然气基础设施具有自然垄断的特性，同时对天

然气基础设施的公平开放进行依法监管也是发达天然气市场国家的一致选择。中国的天然气管网改革才刚刚起步,更应当将天然气基础设施的公平开放行为纳入法制化的轨道。]

第三十九条 违反普遍服务义务的法律责任

天然气销售企业违反本法规定,擅自停业、歇业或者停止按法定条件履行普遍服务义务的,由国家天然气监管机构及其派出机构责令改正,并处其相应营业额二倍以上五倍以下罚款;构成犯罪的,依法追究刑事责任。

[法条背景:天然气普遍服务,即国家制定法律政策、采取措施,确保所有用户都能以合理的价格,获得可靠的、持续的基本天然气服务。天然气供应也可以引入"普遍服务义务",以保障所有天然气用户的合法权益。同时当企业违反普遍服务义务时,应当通过法律的强制性规定给予行政处罚。]

第四十条 违反信息公开和报告义务的法律责任

天然气企业不按照规定提供报表、报告等文件的行为,由国家天然气监管机构及其派出机构责令改正,逾期不改正的,处十万元以上二十万元以下罚款。

天然气企业有故意瞒报、虚报信息的行为,由国家天然气监管机构及其派出机构责令改正,处十万元以上二十万元以下罚款,并公开曝光,纳入企业不良信用记录。

[法条背景:信息公开对于天然气基础设施公平开放制度的落实非常重要。基础设施运营企业必须向社会公示其所运营的基础设施监管机构核准的收费办法、申请服务的程序及该设施的剩余服务能力,方便基础设施用户按照规定的程序申请获得服务。天然气企业违反信息公开和报告义务,则会导致用户信息不对称,知情权被侵犯,侵犯用户的实体权利和程序权利,破坏天然气市场经济秩序,应当受到行政处罚。]

第八章 附 则

第四十一条 本法中下列用语的含义是:

(1)定义天然气是指天然蕴藏于地层中的烃类气体和非烃类气体

的混合物，包括常规陆上天然气、致密气、页岩气、煤层气、煤制天然气、天然气水合物等。

（2）天然气基础设施包括天然气输送管道、储气设施、液化天然气（LNG）接收站、天然气液化设施、天然气压缩设施及相关附属设施等。

（3）天然气输送管道是指提供公共运输服务的输气管道及附属设施，不包括油气田、液化天然气接收站、储气设施、天然气液化设施、天然气压缩设施、天然气电厂等生产作业区内和城镇燃气设施内的管道。

（4）储气设施是指利用废弃的矿井、枯竭的油气藏、地下盐穴、含水构造等地质条件建设的地下储气空间和建造的储气容器及附属设施，通过与天然气输送管道相连接以实现储气功能。

（5）LNG接收站是指接收进口LNG或者国产LNG，经气化后通过天然气输送管道或者未经气化进行销售或者转运的设施，包括液化天然气装卸、存储、气化及附属设施。

（6）天然气液化设施是指通过低温工艺或者压差将气态天然气转化为液态天然气的设施，包括液化、储存及附属设施。

（7）天然气压缩设施是指通过增压设施提高天然气储存压力的设施，包括压缩机组、储存设备及附属设施。

（8）天然气基础设施运营企业是指利用天然气基础设施提供天然气运输、储存、气化、液化和压缩等服务的企业。

（9）天然气市场主体是指参与天然气市场交易，并享受权利和承担义务的法人及自然人。具体包括天然气生产企业、天然气贸易企业、天然气销售企业、城镇天然气经营企业及天然气用户。

（10）天然气生产企业是指从事天然气勘探、开发及经营活动的法人企业。

（11）天然气贸易企业是指在中华人民共和国境内注册的、专营或者兼营天然气涉外贸易业务的企业。

（12）天然气销售企业是指拥有稳定且可供的天然气资源，可通过天然气基础设施销售天然气的企业。

（13）城镇天然气经营企业是指依法取得燃气经营许可，通过城镇天然气供气设施向终端用户输送、销售天然气的企业。

（14）天然气用户是指通过天然气市场主体购买天然气的法人及自然人，包括终端的商业用户、工业用户、天然气终端用户等。

（15）天然气交易平台是指经政府主管机关批准设立，集发布相关交易信息与天然气及其附属产品交易为一体的专门平台。

（16）气源价格是指天然气生产企业或天然气贸易企业销售给燃气公司、天然气用户等市场主体的价格。

（17）天然气管道运输价格是指天然气管道运输企业向用户收取的提供管道输气服务的费用。

（18）"两部制"是指将管输费合理分为与输量有关的预定费和商品费的管输计价方式。

（19）销售价格是指天然气销售企业通过天然气基础设施销售给其他市场主体的价格。

（20）配气价格是指城镇天然气经营企业通过城镇配气管网向终端用户配送天然气服务的价格。配气管网是指将门站（接收站）天然气输送到储气点、调压站和用户的管道及配套设施系统。

（21）储气服务价格是指储气设施经营企业向委托企业收取提供储气库储气服务的费用。

（22）调峰是指为解决天然气基础设施均匀供气与天然气用户不均匀用气的矛盾，采取既保证用户的用气需求，又保证天然气基础设施安全、平稳、经济运行的供气调度管理措施。

（23）应急是指应对处置突然发生的天然气中断或者严重失衡等事态的经济行动及措施。如发生进口天然气供应中断或者大幅减少、国内天然气产量锐减、天然气基础设施事故、异常低温天气及其他自然灾害、事故灾难等造成天然气供应异常时采取的紧急处置行动。

第四十二条　本法的实施细则由国务院制定。

第四十三条　本法自××年×月×日起施行。